罗倩仪

著

LI SHI CHEN YAN
ZHONG DE QI NV ZI

历史尘烟中的奇女子

团结出版社
UNITY PRESS

图书在版编目（CIP）数据

历史尘烟中的奇女子 / 罗倩仪著 . -- 北京：团结
出版社，2024.5
　　ISBN 978-7-5234-0520-8

　　Ⅰ.①历… Ⅱ.①罗… Ⅲ.①女性－名人－列传－中
国－古代 Ⅳ.① K828.5

中国国家版本馆 CIP 数据核字 (2023) 第 207842 号

出　　版：团结出版社
　　　　　（北京市东城区东皇城根南街 84 号　邮编：100006）
电　　话：（010）65228880　65244790（出版社）
　　　　　（010）65238766　85113874　65133603（发行部）
　　　　　（010）65133603（邮购）
网　　址：http://www.tjpress.com
E-mail：zb65244790@vip.163.com
　　　　　tjcbsfxb@163.com（发行部邮购）
经　　销：全国新华书店
印　　装：三河市东方印刷有限公司

开　　本：146mm×210mm　　32 开
印　　张：11.5
字　　数：160 千字
版　　次：2024 年 5 月　第 1 版
印　　次：2024 年 5 月　第 1 次印刷

书　　号：978-7-5234-0520-8
定　　价：48.00 元

目　录

第一卷 | 女史学家班昭：博学高才的大家　　　1

立志要当女史学家，协助兄长修史　　　4

奉旨入宫续修国史，为《汉书》画上句号　9

讲授传播《汉书》，成为全才大家　　　14

第二卷 | 东晋第一才女谢道韫：聪颖博学的人间奇才21

咏絮之才，雅人深致　　　23

婚姻不幸，辩论成名　　　28

临危不惧，能文能武　　　34

第三卷 | 女书法家卫铄:继承传统大胆创新的书法高手 41

出生书法世家,博采众长勤学苦练　　43

嫁入书法世家,开创女子教授书法先例　46

言传身教,培养出一代"书圣"　　53

第四卷 | 女将军妇好:爱"红妆"更爱武装的女战神 61

出身不凡,从王后到女将领　　63

智慧超群,在重大战役中获胜　　67

面面俱到,爱"红妆"更爱武装　　73

第五卷 | 女将秦良玉:胆智过人的忠贞侯　　79

练出白杆兵,替夫征战　　81

镇压叛乱,进京勤王　　86

一生忠贞　　95

第六卷 | 女外交官冯嫽:化解一国内乱的智多星　97

和亲侍女成名震西域"冯夫人"　　99

凭借一张巧嘴救下公主性命　　105

不费一兵一卒化解一国内乱　　112

第七卷 ｜ 女宰相上官婉儿：聪明绝顶的女诸葛　　119

才华出众，与王共舞　　121

开启红妆时代，为社稷死谏　　127

引领一代文风，称量天下士　　131

第八卷 ｜ 三朝太后娄昭君：高亢明爽的政治家　　137

下嫁小兵，助夫成王　　139

怀孕梦龙，次子登位　　145

三朝太后，把持政局　　152

第九卷 ｜ 女校书郎薛涛：沉稳大气的大唐才女　　157

文才超群，成为女校书郎　　159

写下《十离诗》，做清醒的"孔雀"　　164

发明薛涛笺，放下情事穿上道袍　　169

第十卷 ┃ 女御医义妁：乐于钻研的女中扁鹊 　177

天赋异禀的少女在深闺偷偷学医 　179

一战成名的"女中扁鹊"入官遭陷害 　184

一剂猛药成就沉静如水的大汉女国医 　190

第十一卷 ┃ 女船王俞大娘：豪情万丈造巨船的

女强人 　197

茶商妇欲当航运业掌舵人 　199

被同行排挤后决心造大船 　203

"俞大娘航船"冠绝天下 　209

第十二卷 ┃ 棉纺织专家黄道婆：心善灵巧的先棉神 　217

不堪受辱，千里逃亡 　219

学习技艺，思乡情怯 　224

改进技术，造福百姓 　229

第十三卷 ｜ 民间女厨师宋五嫂：坚强勤劳的

胎鱼师祖　　　　　　　　　237

国破家亡，再开鱼庄　　　　239

发明新品，遭人忌恨　　　　244

一代帝王，一代名厨　　　　251

第十四卷 ｜ 奶茶创始人文成公主：刚柔兼济的

和蕃公主　　　　　　　　　257

大唐"七试婚使"，公主远嫁吐蕃　　260

刮起一阵大唐之风，促进农业贸易发展266

改变政治军事制度，加强汉藏文化交流272

第十五卷 ｜ 女茶艺师李冶：雅致坦荡的绝世才女　277

才华惊人，初识茶圣　　　　279

看淡婚恋，专注茶艺　　　　286

诗茶俱佳，皇帝青睐　　　　291

第十六卷 | 以军礼殡葬的女子平阳昭公主：

才略过人的天才女将 297

自幼不输男儿，比武喜结良缘 299

不惧身处险境，创建"娘子军" 303

智胜隋军攻下都城，镇守"娘子关" 309

第十七卷 | 女诗人许穆夫人：心系天下的爱国诗人 317

才貌双绝有远见，远嫁许国成诗人 319

惊闻故国覆亡，立誓回去复国 324

一个爱国女诗人，推动三国伸援手 331

第十八卷 | 岭南圣母冼英：善于审时度势的民间

保护神 337

女承父业，归顺梁朝 339

慧眼识才，遣子入朝 343

平定叛乱，手握大权 350

第
一
卷

女史学家班昭：博学高才的大家

在中国古代历史上，出现过许多在文学上造诣颇高的才女。班昭就是才女之一，但她更是一位全才。

她是中国历史上第一位女史学家，用十余年时间，续写了中国纪传体断代史书的开山之作《汉书》中最难的部分，追溯五千年历史，囊括两千多位人物，为《汉书》画上圆满的句号。《汉书》是后世修史的典范，史学家也成了班昭最亮眼的身份。《汉书》得以广泛传播，主要由于班昭在学堂里详细讲授了这部书，她也因此成为第一个见诸正史的女教育家。《后汉书》记载了班昭的种种事迹。

班昭还是出色的道德家、政治家和文学家。因品性言行端正，思想通透豁达，多次被汉和帝召入宫中当嫔妃们的老师，被称为"大家"。邓绥就是她的学生之一，经她指导后豁然开朗，从妃嫔晋升到皇后，再到皇太后。邓太后临朝后，班昭参与政事，辅佐太后掌权长达16年。在文学创作方面，班昭著有赋、颂、铭、诔、问、注、书等

多篇作品，编撰成集。她所写的《东征赋》，是汉赋中的
名篇。

　　班昭的全才从何而来？这要从她的家学渊源说起……

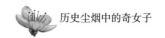

立志要当女史学家，协助兄长修史

班昭，出生于公元 49 年，扶风安陵^①人。

相传，班家的祖先是在楚地喝老虎的乳汁长大的。楚人把老虎称作"班"，所以后人以"班"为姓。早期的班氏家族长期在边地生活，骨血里带有游侠与武将的气魄。班家祖上有过许多不凡之人，祖上班壹是个牧马人，靠经营畜牧业发家，凭财力雄踞边地。班壹的儿子班孺是四处行侠仗义的游侠，为时人称颂。从班孺的儿子班长这一辈起，用功读书，世代步入仕途。到了班婕妤这一代，班氏一族因才女班婕妤备受汉成帝宠爱而飞黄腾达。

班昭的父亲班彪是东汉时期的儒家学者、史学家。读史

———

① 今陕西省咸阳市。

4

可以明智，他常叫儿子班固、班超勤读《史记》。但《史记》只写到汉武帝的太初年间，随着司马迁去世，史书上的故事戛然而止。先后有十余人续写《史记》，班彪看过续篇后，都不甚满意。

《后汉书·班彪传》里写道："彪乃继采前史遗事，傍贯异闻，作后传数十篇。"班彪因不满他人所写的续篇，自己花了 10 年时间，续写《史记》，一共写了 65 篇，记录了大汉一百多年的历史。

班昭比两位兄长小 17 岁，从小跟着兄长一块朗读史书，耳聪目明，一点就通。

公元 54 年，班彪预感大限将至，对班固委以重任，嘱托他接替自己续写《史记》。班固是家中长子，理应子承父业，并无推脱之意。就在这时，5 岁的班昭听到了父兄的对话，风风火火地跑过来，问道："父亲，我能修史吗？"班彪既惊又喜："女子怎能修史？从古至今，从未有过女史学家。"班昭昂着头说道："我一写，就有了。"在父兄的欢声笑语中，

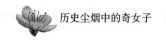

班昭立志要当第一位女史学家。

班彪病逝后，班固遵照父亲的嘱托，整理遗稿，潜心修史。班昭整日跟在兄长身后，帮他誊抄书稿，听他细说历史往事。

光阴抚过安静充实的日子，变故不期而至。

公元 62 年，有人诬告班固私修国史，污蔑大汉王朝，郡里派兵捉拿他下狱。二哥班超让班昭留守家中，他连夜上书皇帝，为班固申辩，恳请陛下先读书稿，再行决断班固是否有罪。皇帝读过书稿，对班固所著史书大加褒扬，不但免了他的罪过，还召他入京面圣，封为兰台令史，可借助皇家典籍安心修史。

后来，班超也走上了仕途。班昭则在 14 岁那年，嫁给了郡里的青年男子曹世叔，婚后生下儿子曹成。

世事变幻无常，曹世叔早逝，班昭年纪轻轻就成了寡妇。

在苦闷哀伤的时候，班昭与书为伴。

她素来好读史书，读出了天地广阔，世态万千，也无意改嫁了，便把心思都扑到协助兄长修史上来。班昭不是史官，无法踏入班固修史的东观，每隔一段时间，就派人把收集整齐的史料送到东观去。

　　班固是个有见地的史学家，写了一部分书稿后，忽然觉得，《史记》将西汉一代编于百王之末，侧于秦项之列，不利于宣扬大汉的功绩，且难以突出西汉王朝在历史上的地位，认为大汉应独当一史。于是，班固不再把自己所写的史书当作《史记》的续篇，他开创格局，断汉为史，起名《汉书》。《汉书》将记载从汉高祖刘邦到反王王莽之间的230年西汉历史，班固还确立了修史的最高目标，通过叙述历史，为当世及后世治国安邦提供借鉴。

　　在班固修史的过程中，班昭是给他提供最多帮助的人，兄妹俩不时交流心得，讨论史料的真假取舍。

　　公元73年，班超申请随军远征，出使西域，抗击匈奴。临行前，班昭细心地给他抄写了一份《汉书》里的《西域

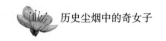

传》和《食货志》，相信对他了解西域有所帮助。同时，她与班固都认为，《食货志》和《西域传》需要增补内容，还望班超到达西域后多收集材料，派人寄送回来。

山长水远，前路苍茫。但班超做到了，二十多年里，他不仅给《汉书》提供了丰富的历史资料，还在西域建功立业。

一本史书修至白头，班固也终于完成了《汉书》初稿。

公元 89 年，骨血里游侠与武将的气魄翻涌，年近花甲的班固看准时机，坚持要随窦宪将军出征西域，攻打北匈奴，在战场上施展才能。看看大漠风光，走走笔下的忠臣良将走过的路。

路途遥远，艰难险阻只多不少，班固对班昭表示，《汉书》需要修补，他若遭遇不测，无法活着回来，班昭务必替他修完史书。班昭料感不妙，并不依他："大哥要平安归家，小妹愚笨，才疏学浅，代替不得。"

奉旨入宫续修国史，为《汉书》画上句号

然而，班固到底没能继续回来修史。

他随军直入大漠三千里，于稽落山大破北匈奴。班师途中，班固在燕然山刻石记功，史称"勒石燕然"，那是安国定远的标志性事件。

只是建功圆满之时，也是惹祸上身时。公元92年，窦宪将军因功自傲，跋扈恣肆，被迫令自杀。班固与窦宪关系亲密受到株连，死于狱中。

班固去世时，《汉书》中的"表"和《天文志》均没有完成，不免遗憾。汉和帝了解了班家的学术渊源后，又得知班昭博学高才，协助班固修史多年。除了班固，她就是最熟知《汉书》的人。汉和帝下诏，命班昭到东观藏书阁，接替班固续写《汉书》。

班昭奉旨入宫续修正史，来到了兄长日日夜夜撰写《汉书》的地方。她抬脚跨入东观，跨出了历史性的一步。她成

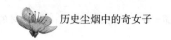

为了中国历史上第一位女史学家，一句童言成了真。

这满屋的书稿，都是父亲与兄长毕生的心血，班昭激动流泪，惶恐迷惘。外人都理之当然地以为，越了解《汉书》，就越容易续写《汉书》。只有班昭明白，越了解《汉书》，越觉得它宏大缜密，越害怕扛不住修史的重担。

修史，是一项艰巨困难的工作。《汉书》包含纪、表、志、传四大部分，而其中最难的当属"表"，其次是"志"。班固把最难的部分，留给了班昭来续写。

班昭也是一名弱女子，她会痛哭、沉思、惶惑，深感无助。但她又不是轻言放弃的女子，经过一阵惶惑，她擦干眼泪，迎难而上，继承父兄遗志。班昭不着急动笔，先整理和核校班固留下的散乱文稿，再于藏书阁中大量阅读史籍。确定好材料和方向，才正式严谨落笔。

汉和帝很满意班昭的修史表现和态度，听闻她在丈夫去世后清守妇规，气节品行端正，思想通透豁达，更是赞扬有加。在班昭修史之余，汉和帝多次召她到后宫，给皇后和妃嫔上课，讲授道德礼法、历史哲学等内容。自此，班昭有了新的身份，被称为"大家"、道德家。

她的学生中，有一位后来名垂青史的人物，叫邓绥。那时的邓绥不过才十四五岁，入宫时间不长。她聪敏机智，对班昭的教导铭记于心，巧妙化用。果然大有长进，一年后就被封为贵人。在邓绥 21 岁时，汉和帝废黜了阴皇后，改立她为皇后。所以，在邓绥心里，她向来敬重和信赖班昭。

当然，班昭大部分时间都是在东观度过的，与史书相伴。父亲与大哥离开人世后，二哥成了她最惦念的亲人。每当整理跟西域有关的史料时，她都会想起身在远方多年未归的班超。

班超两次出使西域，在那里娶妻生子，待了将近三十年，留下了"投笔从戎""不入虎穴，焉得虎子"等佳话。

公元 100 年，班超年近古稀，渴望落叶归根。他上书汉和帝，哀婉地表达了一位老臣"生入玉门关"的卑微愿望。他不敢奢望回到家乡，只愿活着进入玉门关，因为进了玉门

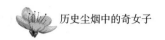

关，就算是进入中原腹地了。可汉和帝不批准他回来，一方面，西域太远太荒凉，大部分臣子都不愿意驻守西域；另一方面，班超太过出色，这些年在西域功勋卓著，无出其右，收复西域五十多个国家，被任命为西域都护，并万里封侯，加封为定远侯。汉和帝担忧，把班超召回后，西域局势会发生变化。

公元102年，班超的身体每况愈下，再次上书恳求汉和帝哀怜老臣，放他归去。汉和帝还是打算不批，班昭坐不住了。

班昭聪颖多智，主动替兄长上书汉和帝。除了像班超那样恳请陛下哀怜老臣之外，她还在后面添加了一条至关重要的理由。

班昭写道："班超首次出使西域，就立志为国捐躯。辗转异域三十年，幸有陛下福德庇佑，得以全活。古人十五从军，六十还乡。班超已到古稀之年，体衰多病。当初与他一同出使西域的人，都已作古。班超壮年之时尽忠职守，衰老之年被遗弃荒凉原野，可悲可怜！然，为国耗尽残生，是臣子的本分，无可厚非。但妾身听闻西域人健硕蛮横，若是看到年老体弱的班超在守护边疆，恐怕会生歹念。班超年迈，力不从心，未必守得住大汉累世打下的大好河山。为此，妾身冒死请求陛下批准班超归汉。倘若陛下不允，他日边境有变，班超无力抵御，命丧异域，还望陛下能让班氏一族免于牵连之罪。"

汉和帝看完班昭呈上的奏章后，觉得班昭言之有理，为保住西域功业，终于同意班超告老还乡。

在班昭的帮助下，班超实现了"生入玉门关"的心愿。一个月后，他于洛阳安详离世。

送别二哥后，班昭继续孤独地撰写《汉书》。

她前后一共写了八篇"表"，分别是《异姓诸侯王表》《王子侯表》《诸侯王表》《高惠高后文功臣表》《景武昭宣元成功臣表》《外戚恩泽侯表》《百官公卿表》《古今人表》。六篇"表"是在《史记》的基础上发展改造而成的，《百官

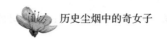

公卿表》《古今人表》为班昭新创。《汉书》的"表",上溯三千年历史,涉及数千位人物。最复杂的莫过于《百官公卿表》,它记录了各个官职的起源与发展、地位与作用等,宏大而深邃。

写完以后,班昭又将《汉书》通读无数遍,详加校对,前后一共用了十几年时间,为《汉书》画上完美的句号。这部鸿篇巨制,共百篇,包括纪十二篇,表八篇,志十篇,传七十篇,记载了西汉王朝二百三十年的兴衰荣辱。

班昭完成了一件一生中最伟大的事。

《汉书》为中国纪传体断代史书开山之作,与"二十四史"之首的《史记》并肩而立,后世修正史基本沿用《汉书》的断代体例。

讲授传播《汉书》,成为全才大家

修完《汉书》,班昭又做了一个重大举动——讲授传播

《汉书》。

《汉书》经两代人修撰，多用古字、典故，内涵丰富，文字艰深。面世之后，人们很难读懂。

班昭便收经学家马融为徒，带领着他一卷一卷地诵读《汉书》，理解《汉书》的内涵，再令马融将《汉书》传布于学者之间。

为了广泛传播和普及《汉书》，班昭还上书汉和帝，希望能在东观亲自讲授《汉书》。汉和帝欣赏班昭的气魄，当即允诺。那是学子们第一次见到女史学家，也是他们第一次听女夫子授课。班昭授课详略得当，严谨有序，大受学子们欢迎，她成了第一位见诸正史的女教育家。

公元 106 年，赏识班昭的汉和帝驾崩，其子汉殇帝继位，汉殇帝出生不过一百多天。圣上年幼，便由皇太后邓绥临朝听政。但他不满周岁就夭折了。接着，13 岁的汉安帝即位，由于年纪太小，依旧由邓太后主政。

邓绥虽已由皇后升级为太后，可她还不满 25 岁。缺乏

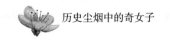

政治经验的她，重用外戚。在她与兄长邓骘的里应外合下，东汉的局势方趋于稳定。邓绥刚松了口气，兄妹俩的母亲去世了。汉朝，推崇孝道文化，以孝治天下。家中母亲离世，儿子必须上书朝廷，辞官守丧。邓骘遵照东汉民俗，向邓太后提出退职申请。

边关未宁，政局刚稳，邓太后太需要邓骘的扶持了，所以她打算为了国家利益，剥夺个人私情，不批准他退职。可当真不允，她又怕冒天下之大不韪。这时，邓太后想到了自己的老师班昭，就去咨询班昭的意见。

尽管邓太后态度谦和，但班昭慧心巧思，心明如镜，眼前的学生已不是当年进宫不久地位低下的邓绥，而是掌握生杀大权的邓太后。故此，她要谨慎作答。

站在班昭的立场，她出身儒家学者家庭，拥护儒家道德原则，自然是赞成邓骘辞官守丧的，但她不能直接表明态度。因为这违背了邓太后的意愿，必然引起她的不悦，有可能会惹祸上身。

班昭思索半日，给出了令人无可挑剔的答复："太后美德盛行，广开言路，兼听狂夫粗妇之见。臣下愚昧，听闻人最高尚的品德莫过于谦让。先贤伯夷、叔齐互相退让国君之位，天下人都佩服他们高风亮节；太伯让位给季历，孔子也再三称赞。正因为推让，他们美德盛传。孔子曾说：'能用礼让治国，为政还有什么困难的呢？'推让的美德，影响深远啊！国舅为坚守忠孝而辞官，便是推让。太后若以边关未宁而拒绝，国舅日后若有微小过失，恐怕人们会不依不饶。那时再免官，谦让之名就不可复得了。"

班昭撇开国家政事，把重点放在关心邓氏家族的前途命运上，听上去处处在为邓太后着想。邓太后感激信服，采纳了班昭的劝谏，批准邓骘辞官还乡。

经此一事，邓太后认定班昭熟读史书，对为政得失了然于心，特许她参与政事。邓太后临朝听政，班昭在幕后辅佐她处理政务，治理国家。班昭低调勤奋，大度得体，在她的指点下，邓太后处理各项政事有章有法，政绩斐然。邓太

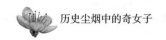

后执政期间，大力救灾，使东汉熬过了最严重的 10 年天灾。她平定动乱，派军征战，扩张领土 1840 里。又资助蔡伦改进造纸术，准许张衡入朝研制浑天仪和地动仪。注重文化与教育，推动世界第一部字典《说文解字》的诞生，开拓性地为女性提供学堂教育。

正因邓太后政绩惊人，天下人无不敬服，所以，哪怕所有大臣都知晓班昭依靠跟太后的师生关系而干政，但自始至终，都没有人弹劾她。班昭也成了当朝公认的最杰出的政治家之一，时人对她的政治才干评价很高。

对邓太后而言，班昭的付出与贡献已不是金银财宝所能酬谢的，于是她破格加封班昭的儿子曹成为关内侯。

红尘滚滚不断，佳人徐徐老去。班昭年老以后，仍然笔耕不辍，写书作赋。邓太后与她关系越发密切，如同闺中挚友。邓绥每得珍稀奇物，都请班昭到现场作赋赞扬。

人越老越爱追忆往昔，班昭最初是凭一部《汉书》闻名于世的，她最常想起的便是跟《汉书》直接相关的父亲与兄长。翻看班彪的《北征赋》，班昭望文生情，念及先贤，提笔挥就一篇《东征赋》。这篇汉赋言简意深、层次分明，足以让她跻身文学家行列。

据《后汉书》记载，班昭著有赋、颂、铭、诔、问、注、哀辞、书、谕、上疏、遗令等多篇作品，由她的儿媳编撰成集。

公元120年，班昭安度晚年，平静离世，终年71岁。

惊闻班昭的死讯，邓太后悲痛不已，亲自素服举哀，隆重安葬班昭。

一年后，临朝称制长达16年的邓太后，在病痛哀伤中，追随老师班昭而去，年仅40岁。

纵观班昭的一生，她有着多重身份——史学家、政治家、文学家、教育家和道德家。班昭所续写的《汉书》流传下来了，但她的文集已经失传，存世作品仅有7篇，包括最有名的《东征赋》，却依然对后世影响颇深。

第二卷

东晋第一才女谢道韫：聪颖博学的人间奇才

东晋时期，艺术兴盛，出了不少风流名士。他们对酒当歌，清谈玄学，焚香品茗，舞文弄墨，快哉乐哉！女中名士却是少之又少，直到才貌双全的谢道韫横空出世。

她聪颖博学，机敏坚毅，文能写诗思辨，武能跨马杀敌，被称为"人间奇才"。有关她的典故很多，"咏絮之才""林下风"等。谢道韫著有诗、赋、诔、讼传于世，是名满天下的东晋第一才女。她的事迹与作品，记载于《晋书》《隋书·经籍志》《世说新语》《艺文类聚》《三字经》《全晋文》等。

谢道韫出身名门，7岁便才气逼人，名震四方，无忧无虑地长大。被婚配给王羲之的儿子王凝之后，命运迎来转折，开启了悲剧人生，她曾目睹自己的所有子女在她眼前一一死去……

那是怎样跌宕起伏、大喜大悲的一生？她的生命何去何从？

咏絮之才，雅人深致

谢道韫，出生于东晋时期，陈郡阳夏^①人。

陈郡谢氏是晋朝的名门望族，家世显赫。谢道韫的父亲是安西将军谢奕，母亲阮容是"竹林七贤"中阮籍和阮咸的族人，叔父是宰相谢安，堂伯父是尚书仆射谢尚。

谢道韫为家中长女，从小饱读诗书，灵心慧性。

叔父谢安文韬武略，多才多艺，喜欢在家族宴会上，即兴考察后辈们的诗文才智。一个寒冷的冬日，谢安正在跟一众小辈谈诗论文。突然，天降大雪，洋洋洒洒，银光耀眼。谢安雅兴大发，问道："白雪纷纷何所似？"子侄们开动脑筋，思考这纷纷扬扬的白雪到底像什么。

①　今河南太康。

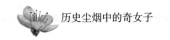

　　其中一个侄儿很快就想出来了，答道："撒盐空中差可拟。"天上雪花纷纷扬扬，就像将一把盐撒在空中一样。这个比喻很形似，但谢安以为，差点意思，缺乏韵味。

　　就在大伙儿苦思冥想之际，7岁的谢道韫站在谢安身后悠然念出一句："未若柳絮因风起。"她发挥想象力，把飞雪比喻成柳絮，风吹柳絮满天飞舞。谢安听罢，欣然大笑。

　　这就是后人津津乐道的典故"咏絮之才"的出处，"咏絮之才"也成了人们赞誉在诗文创作方面卓有才华的女性常用的词语。谢道韫的这段事迹，被记入了《三字经》和《世说新语》。

　　也是从听到"未若柳絮因风起"那一刻起，谢安留意到了谢道韫这个侄女，从此格外关注她。谢道韫也因为咏絮，成了方圆百里有名的才女。

　　有一天，谢安下朝回来，经过院子时，看到谢道韫坐在回廊上捧着《诗经》，看得入神。谢安来到她跟前，她都浑然不觉。

谢安不想惊扰侄女用功，放轻脚步从她身旁走过。谢道韫感觉到书页上光线晃动，方抬起头来，向叔父问好。谢安答应着，指着《诗经》，随口问她："《毛诗》中何句最佳？"谢道韫抚卷一笑，不假思索地回答："诗经三百篇，莫若《大雅·烝民》云：'吉甫作颂，穆如清风。仲山甫永怀，以慰其心。'"

　　据《晋书》记载，谢安听完这个答案后，大赞谢道韫："雅人深致。"夸她鉴赏力超脱凡俗，风韵高迈，意兴深远。

　　谢安更加欣赏谢道韫了，认定她是可造之才，为了不让她的才华被埋没，将她带在身边，亲自教导。经过谢安的栽培，谢道韫在琴、棋、书、画等方面样样精绝，尤其擅长诗文，还学会了骑马和剑术。不多时，谢家这位大才女便名震京师了。

　　与此同时，谢道韫也到了适婚的年龄了。长大后的她，明眸皓齿，秀外慧中，如二月里由浓转淡的杏花般娇艳、奔放、清高。

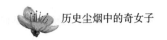

到底什么样的男子方能配得起如此女子？谢安在为谢道韫的婚事而操心，既要门第匹配，又要才貌相合。

在魏晋时期，陈郡谢氏与琅琊王氏是两大士族，有着"王与谢共天下"的说法。从政治联姻和门当户对这方面来说，谢道韫的丈夫只能出自琅琊王氏。锁定王氏家族后，谢安就在大书法家王羲之的儿子中物色最佳人选。

王羲之一共有 7 个儿子，长子王玄之、次子王凝之、三子王涣之、四子王肃之、五子王徽之、六子王操之和七子王献之，他们各有千秋。

刨除早逝的和年纪太小的，谢安又将几人的才貌作一番对比，最后选中了王羲之的第五子王徽之。

主意刚定，谢安却听到了不妙的传闻。传说，王徽之生性落拓，放诞不羁，不修边幅，不拘小节，做事太过随性而为。很有名的一件事是雪夜访戴，事情发生在他居住在山阴县时。一天夜晚，屋外下起了鹅毛大雪，他酒兴大起，叫下人取酒来喝。一边大口喝酒，一边观赏皎洁白雪。时而哼起歌谣，时而吟诗诵赋，好不快活。忽然之间，他想起了远在剡县的友人戴逵，竟连夜乘船出发到戴家。一夜过后，到达戴逵家门口，王徽之却没有进门，转头原路返回。别人都不理解他的行为，王徽之笑着说："我本是一时兴起而去的，兴致已尽，自然就回来了，为什么非要见戴逵呢？"

谢安觉得，王徽之率性随意，不够稳重，怕谢道韫嫁给他，日后会遭受委屈，便改变了主意。

谢安挑来选去，一番考量过后，选定了个性沉稳的王凝之。王凝之在书法上有造诣，善草书、隶书。作为"书圣"王羲之的次子，他能"得其韵"。

谢安本以为，王凝之也算有才有貌，把侄女许配给他，并不屈就。世事难料，这桩婚事竟成了谢道韫人生悲剧的开端。

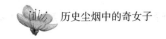

婚姻不幸，辩论成名

在婚姻生活中，谢道韫看清了王凝之的本质。

琅琊王氏重文轻武，王凝之是典型的文弱书生。一天早晨，谢道韫起床到院内练剑。正巧王凝之打着哈欠经过，谢道韫热情邀他一同舞剑。王凝之大惊失色，以舞刀弄枪太危险为由，拒绝了妻子。

谢道韫不愿罢休，说男子练剑有助于提升阳刚之气，夫君若是不会，她可以一招一式地教他。王凝之不好一再拒绝妻子的好意，勉强答应练习。谁料，第一个招式还没学完，王凝之就被吓得落荒而逃，留下谢道韫长吁短叹，恨铁不成钢。

此外，王凝之行事稳妥，仰慕权势，但个性软弱。在权力比自己高的人面前点头哈腰，唯唯诺诺，不敢提出不同的见解。

谢道韫的心里有很大的落差，王凝之距离她心目中理想丈夫的形象相去甚远。无奈婚姻已成事实，她只能往好的方面去想。

王凝之再不济，到底是士族世家的后代，谢道韫想，丈夫在文才方面定然有过人之处。

一日，谢道韫在家里作诗，写的是《泰山吟》。她灵感如潮，提起笔，一口气写出前两句："峨峨东岳高，秀极冲青天。"然后兴致勃勃地把丈夫叫到跟前，希望他能续写出下面两句来。

哪里料到，王凝之凑到谢道韫的诗前，憋了半天，只说出了一个字："好！"

还是得靠谢道韫自己把全诗写完，她略加思考，一挥而就："峨峨东岳高，秀极冲青天。岩中间虚宇，寂寞幽以玄。非工复非匠，云构发自然。器象尔何物？遂令我屡迁。逝将宅斯宇，可以尽天年。"整首诗大笔挥洒，气度不凡，表现出沉醉在大自然的怀抱里，忘却俗世纷争的愿望。细细品读，还有一种阳刚之美。

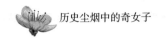

她写得有多好，对丈夫的失望就有多大。如果说以前谢道韫还以为王凝之是一块玉石，只是品相一般罢了，那么现在，他在谢道韫的眼中就是路边的一块普通石头。

谢道韫心气高，无法与王凝之心灵契合，婚姻并不幸福。

初回娘家，谢道韫闷闷不乐。谢安看到消瘦苦闷的侄女，感到奇怪："王郎，是逸少的儿子，他的人品、才干都不会差，你为什么这样不满意呢？"谢道韫答道："谢家叔父辈、兄弟中，个个出色，我真是没想到，天壤之中，乃有王郎！"王凝之对谢道韫而言，太平庸乏味了。

自此，"天壤王郎"就成了女子对丈夫不争气感到不满意时使用的成语。

王凝之大概也感觉到了妻子对他的不满，但他对谢道韫可是十二分满意。面对谢道韫，他总带着讨好的意味。他了解到谢道韫好读诗书，经常搜寻各类珍贵古籍送给妻子。

他悄悄把书籍放到梳妆台上，谢道韫晨起梳洗时，就能一眼看到，继而满眼欣喜。

王凝之的用心和惊喜起了作用，谢道韫对他的不足之处不再耿耿于怀。夫妻俩好好过日子，生下四子一女，一家和乐。

如果没有发生后来的事，王凝之还算得上是一位合格的丈夫，谢道韫也情愿与他举案齐眉到终老。

在谢道韫二十几岁时，王凝之迷恋五斗米道，终日炼丹制药，踏罡步斗，拜神起乩。像着了魔似的，连政事都疏于管理。

谢道韫看不惯他的做法，规劝他把心思放在政事上，闲时多读诗赋，写书作画。王凝之正在兴头上，哪里听得进去，他还叫谢道韫要心存敬畏，休得胡说。

三番五次劝说都不管用，失望透顶的谢道韫只得作罢。志不同，道不合，夫妻关系变差，一度形同陌路。

谢道韫不寄希望于丈夫，独自努力充实自己，她的诗文首屈一指，思辨能力也是一流。

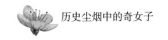

　　魏晋期间，流行清谈，即谈论玄理哲学。时人把《老子》《庄子》和《周易》称作"三玄"。有的名士正是通过清谈，被人发掘，谋得官职，有了光明的前途。

　　琅琊王氏是高门大族，往来清谈的宾客不可胜数。

　　根据《晋书》记载，有一回，王凝之最小的弟弟王献之在厅堂与客人清谈，言语间逐渐落了下风，词理将穷，辩不过对方，急得满头是汗。

　　房内清净，谢道韫把王献之与宾客的高谈阔论听得清清楚楚、明明白白。她认为，以王献之先前抛出的言论，完全有机会获胜，只是王献之中途被对手带偏想不出如何反击。谢道韫替他着急起来，遂派婢女去告之王献之，将替他解围，有十足的把握可以反败为胜。

　　有兄嫂相助，王献之自然乐意。宾客出于好奇，也想听听王夫人的高见。

　　基于古代男女授受不亲的规矩，谢道韫不便抛头露面，就让婢女挂起了青绫步障，她就坐在屏障后面参加辩论。

只听到谢道韫出口成章，延续王献之之前的议题，引经据典，辩论有力，谈锋之健不让须眉。片刻过后，客人就理屈词穷，哑口无言，输得心服口服了。

谢道韫在清谈方面由此一举成名，被称赞有为官的才能。

辩论成名后，文人雅士们接踵而至，请谢道韫进行清谈。他们都很仰慕谢道韫的文才，即便在清谈中败下阵来，事后也欢然表示，获益匪浅，不虚此行。

有些时候，谢道韫会主动邀请当地的名家墨客到家中相聚、辩谈，怡然自得，这能消减失败的婚姻带来的不痛快。而痴迷道教鬼神的王凝之，也从不干涉她宴客清谈。

当时朱家、张家、顾家、陆家为江南四大世家，张家的张玄有个妹妹叫张彤云，后嫁入顾家，她的家世才情都受人赞颂和羡慕。张玄以妹妹为荣，自夸张彤云可比谢道韫。

有一名名叫济尼的尼姑，常在王家、顾家出入。人们便向济尼打探，谢道韫与张彤云谁的才貌更佳？

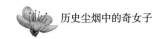

济尼如是说道："王夫人神清散朗，故有林下风气；顾家妇清心玉映，自有闺房之秀。"

"林下风气"指的是竹林七贤的风尚，他们行事潇洒，行为旷达，才华横溢。谢道韫不止姿色迷人，神情娴雅，还有竹林七贤中嵇康的气质，以及刘伶的风度，大有名士风气，加之博学多才，是当之无愧的东晋第一才女。而张彤云，小家碧玉，是妇女中的佼佼者罢了。

就是从谢道韫开始，后人赞美女子超逸脱俗时，常用"林下风"来比喻。

临危不惧，能文能武

在一次次的清谈中，在世人的盛赞声中，在吟诗作赋中，谢道韫度过了丰富多彩的二十余年。

东晋末年，晋朝气数将尽，孙恩、卢循起义爆发。

有消息称，义军来势汹汹，马上就到会稽来了。王凝之时任会稽内史，谢道韫听闻敌军将至，劝谏丈夫积极备战，设置防备，操练兵卒。

王凝之却说道："人间兵卒，怎敌神兵鬼兵？"他对谢道韫的劝谏不予理睬，关起门来，烧香拜神，保佑百姓免遭战乱。

过了两天，王凝之淡定从容地走出房间，对谢道韫和手下说道："尽可放心，我已请得百万鬼兵相助。等到敌军来叫阵时，鬼兵将从天而降，敌军必败！"

都这个时候了，王凝之还执迷不悟。谢道韫由震惊到绝望。王凝之的手下也明白到，这个会稽内史靠不住，转而问名声在外的谢道韫："夫人，这该如何是好？"谢道韫临危不惧，英勇果断："也罢，他不练兵，我练。"

谢道韫从小学过剑术，又是名将之女，曾听父亲讲解过排兵布阵的军事知识。她毅然接管丈夫手下的兵卒，又招募了数百名家丁，亲自调教和训练。

谢道韫把一切安排得井然有序，白天训练抗敌招式和阵

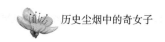

法，夜间实行军事演习。她聪颖博学，能文能武，堪称人间奇才，手底下的人没有不佩服她的，个个对她马首是瞻。

不久，孙恩率领起义军闯进了会稽，长驱直入。

王凝之所说的百万鬼兵当然没有如期来到，他的咒符、口诀等无一灵验。眼睁睁地看着敌军冲锋陷阵，他惊慌失措，后悔不迭，但为时晚矣！

据《晋书》记载，王凝之及他与谢道韫的五个儿女全部遇难。

谢道韫亲眼看到儿女和丈夫死在跟前，她来不及悲伤，背起年仅3岁的外孙刘涛，手持兵器跨马杀敌。

她训练出来的兵卒，跟她一样，每一个都勇敢无畏，奋力杀敌。

无奈敌军太多，寡不敌众，谢道韫战败被俘。

被俘虏的谢道韫似乎已经没有生还的可能了，但她面对强敌依然凛然无惧。谢道韫抱着刘涛，指了指孙恩，又指指怀中的外孙，厉声喊道："事在王门，何关他族？你要杀他，先杀了我！"

　　孙恩吃惊地望着年近半百风韵犹存的谢道韫，经旁人提醒，方知这就是大名鼎鼎的谢道韫。今日得见她有如此气魄和风度，孙恩不免感叹："虎父无犬女啊！"孙恩顿生敬仰之情，挥手命人放了谢道韫与刘涛，还遣人护送他们回到会稽。

　　没有了丈夫和儿女的会稽，已不再是当初的会稽。

　　经历九死一生，至亲离世，谢道韫活得更加通透了。人生无常，只有自己的思想能陪伴自己度过飘摇的一生。

　　她寡居会稽，与诗书做伴，过着隐士般的生活。但她的才气是松林流水关不住的，一首《拟嵇中散咏松诗》："遥望山上松，隆冬不能凋。愿想游下憩，瞻彼万仞条。腾跃未能升，顿足俟王乔。时哉不我与，大运所飘摇。"通过赞扬嵇康无所畏惧的高尚人格，描写王子乔乘鹤升天的传说，写出自己生逢乱世，对国仇家恨，命运难测的感慨。全诗淡雅洒脱，纵横大气，乃属诗中上品，独树一帜。

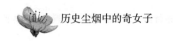

这首老练而富有力道的诗，就连家中的婢女也喜欢得不得了，连声称妙。婢女外出探望娘家姊妹时，还把这首诗抄写下来，带给姊妹们欣赏。其中有个爱好读诗的妹妹，将这首诗视同至宝，便又将《拟嵇中散咏松诗》抄了下来，挂在闺房，时时朗诵、鉴赏。

一传十，十传百，谢道韫的新作《拟嵇中散咏松诗》就这样传开了。它让谢道韫回归大众中心，被人传颂与讨论。

这首诗还把新任会稽郡守刘柳吸引过来了。他按捺不住内心对谢道韫的崇拜，带上礼品前去拜访，与其谈乱时局、诗文和哲理。两人从天明谈到天黑，滔滔不绝，孜孜不倦。

据史料记载，没有人知道谢道韫到底跟刘柳具体说了什么话，刘柳也未曾公开过他与谢道韫的谈话内容，但刘柳离开时如沐春风，精神爽朗。那以后，他对谢道韫赞不绝口，逢人就夸："王夫人风致高远，词理无滞，赤诚坦荡，令我受惠无穷。"听君一席话，胜读十年书。

刘柳对谢道韫的赞赏，把谢道韫的卓越名声推向了新的高峰。

但年老的谢道韫早已不在乎名气，她清心寡欲，撰写诗文。

莘莘学子慕名而至，只求得到谢道韫的教导解惑。谢道韫不想被人扰了清净，避而不见。可站在门扉外的人越来越多，眼看就要把门挤破了。

谢道韫感受到外面人声鼎沸，心下有了新的领悟，能在人声喧闹中保持内心安宁，才算真正的清净。她开怀大笑，把学子们迎了进来，不遗余力赐教，让一名名学子满载而归。

积年累月，尽管谢道韫从没正式收下徒弟，但经她指点的学生遍布天下。谢道韫自己也名满天下。

晚年的谢道韫游览山水，授业解惑，写诗撰文，度过了闲适的余生。历经动荡，归于恬静。她写下了不少诗文，并汇编成册。一代代传下来，一次次遗失，到如今只剩下《泰山吟》《拟嵇中散咏松诗》等数篇了。

第三卷

女书法家卫铄：继承传统大胆
创新的书法高手

魏晋时期，书法的鼎盛时期，有一名女子落下了瑰丽多姿的一笔，她是中国历史上第一位女书法家卫铄。

卫铄传承汉魏笔法，又广取众长，加以变化，形成自身独特的风格。她的书法清丽婉约、娇柔秀美，如"插花舞女，低昂芙蓉；又如美女登台，仙娥弄影；又若红莲映水、碧沼浮霞"，像"碎玉壶之冰，烂瑶台之月，婉然芳树，穆若春风"，在艺术上有很高的造诣。

她还钻研撰写书法理论，《笔阵图》让她名声大噪，成为历史上第一位关注书论的女书法理论家，惊动了皇帝。皇帝阅后，连声叫好，把稀世珍宝玉石白菜赏赐给卫铄。有关卫铄的书法特点与成就，在《采古来能书人名》《书断》等书法史书均有记载。

卫铄曾设帐授书，开创女子教授书法的先河。她教出江夏李氏家族多位书法名家，培养出"书圣"王羲之。

那究竟是怎样的一位奇女子？要从她儿时说起……

出生书法世家，博采众长勤学苦练

卫铄，出生于公元 272 年，晋代河东安邑 [①] 人。

河东卫氏是当时著名的书法世家。卫铄的从祖卫觊擅长写草书，草体微瘦，笔迹精熟；从伯卫瓘擅隶书及章草，笔势明劲；从兄卫恒擅草书与隶书，书法纵任轻巧，流转风媚。他们都是书法名家。

生长在这样的家族里，卫铄从 3 岁起，热爱书法，自得其乐。

6 岁时，她便立下宏愿，要成为一位书法高手。长辈们笑她，女子志不在此，会些皮毛即可，天底下可从来没有过女性书法家。但卫铄认为，以前没有女书法家，不代表以后

---

① 今山西夏县。

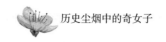

没有、偏要写出名堂来。

众人呵呵一笑，只当是童言无忌。唯有与她关系最好的小妹用仰慕的眼神看着她，能吐出豪言壮语的姐姐就是她的骄傲，坚信卫铄定能达成所愿。

据《法书要录》记载，卫铄延续汉魏笔法，喜爱钟繇的楷书，深得卫家书法的精髓，博采众长，妙传其法，形成了强烈独特的个人风格。

她每天研墨提笔勤学苦练，一写就是几个小时。吃过午饭，小憩一会儿，接着习字，态度认真细致。与她同龄的孩子都在四处疯玩，窗外的徐徐风声、淙淙流水声、虫鸣鸟叫声，都无法转移她的注意力。卫铄两耳不闻窗外事，一心一意一笔一画写满每一张纸，勾勒心中最美的梦想。

桑榆向晚，夜幕降临，已经看不清字迹了，卫铄才停下笔，拿起砚台与毛笔到门前的泊池里清洗。

天长日久，泊池里的水被染成黑色。泊池变成了墨池，后人把它称为"卫夫人洗墨池"。它见证了卫铄的勤奋与执着。

相传，卫铄的母亲心疼女儿每日练字太辛苦，有一年夏天，她带卫铄到表亲家居住玩耍，放松身心。

到了亲戚那里，表兄弟带她逗猫捉鱼，表姐妹同她摘花刺绣。卫铄头两天还觉得新鲜有趣，后面越来越觉得没意思。她宁愿看字画，研究书法。

小伙伴们又带她去附近的山上游玩。结果，卫铄做出了惊人的举动，偷偷带上了笔、墨、砚台。大家都在山上爬树、扑蝶、摘果子、捉迷藏，只有她在那里神情专注地练字。

那个夏天，卫铄沐浴在渺渺山风中，在山上的石头上、树皮上写满了字。

一日，天降大雨。雨水冲刷着布满字迹的石头与树皮，天上的雨露与山上的墨迹混为一体，变成了黑水。村民们看到后，四处传言："这山上下过墨汁雨。"

那些经年累月的刻苦努力，全化作了笔力。卫铄的篆

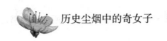
书、隶书、草书和行书，都叫人赞不绝口。卫铄尤善楷书，用笔凝重简练，字体端庄，被评为楷书的典范之作："正体尤绝，世将楷则。"由于她的楷书实在太美，清丽婉约、娇柔秀美，人们对她书法里传达出来的美感有如此评价："如插花舞女，低昂芙蓉；又如美女登台，仙娥弄影；又若红莲映水、碧沼浮霞。"又有人说："像碎玉壶之冰，烂瑶台之月，婉然芳树，穆若春风。"

还有人说，卫铄的书法字形清秀柔美，如女子盘发所用簪子上的雕花一般。故此，将卫铄的楷书称为"簪花小楷"。

凭着一手好字，卫铄年纪轻轻便声名鹊起，成为历史上第一位女书法家，在艺术上有很高的造诣。她所创立的簪花小楷，在女子闺阁中流行开来，竞相模仿。

嫁入书法世家，开创女子教授书法先例

公元 289 年，父母为 17 岁的卫铄寻觅佳婿。

卫铄因才貌不凡，达官贵人都愿与卫家联姻。但卫铄挑挑拣拣，这家不同意，那家不满意，不肯出阁。

父亲动怒，女大当婚，应听从父母之命出嫁，前来提亲的又都是官宦世家，绝不会令卫家女儿屈就，岂有不嫁之理？

卫铄就是不从，偏要等到满意的夫家为止。

忽然有一天，江夏李氏父子登门提亲。二人谦谦有礼，但卫家父亲不太赞同两家结亲。原因是，李家的官位和名声都不及卫家。若结为亲家，便是卫家女儿下嫁了。

躲在珠帘后边的卫铄，偏偏就看中了李家。因为她听闻江夏李氏也是书法世家，只是不及河东卫氏的名气大，也算是门当户对。李家公子李矩相貌不俗，喜好书法，擅长写隶书，对卫铄仰慕多时。卫铄愿嫁入书法世家，做李矩之妻，她相信同爱书法的两人定能情投意合。

难得女儿首肯，卫父也不再反对了。

卫铄怀着满心期许嫁入李家，如她所愿，丈夫与她心灵

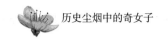

契合，常在一起练笔，研究笔法。李矩在书法方面的悟性与笔力远不及卫铄，但他胜在没有胜负欲，尊重爱护妻子，支持她的书法事业。有时，他的一些见解，还会激发卫铄的灵感。

卫铄生下爱子李充后，悉心栽培，小小年纪，笔法便非比寻常。李氏家族其他少年、幼子闻讯而来，观看卫铄教子，偷学一二。

看到众人求学心切，卫铄慷慨传授技法。对没有基础的孩子，实行书法启蒙；对有基础的孩子，教授高水平笔法；对有一定水平的孩子，则在关键之处指点一二。她将河东卫氏书法全部传授给爱好书法的李家子弟。

年深日久，江夏李氏的书法水平大幅提升，实现了质的飞跃。李家涌现出李式、李充等书法名家，盛况空前。正是有了卫铄的教授，江夏李氏才登上了书法的高峰。为此，李式非常推崇卫铄这位叔母。据《书断》记载，李式"甚推其叔母善书"。

在给李家教授书法的年年岁岁里，卫铄的书法功力也在精进。

就在江夏李氏大放光彩时，悲痛的事情发生了。

李矩偶感风寒，一病不起，不到一个月就气若游丝，抱恨黄泉。那一年，儿子李充还是一个少年郎。

卫铄如飞鸟断翼，悲伤流涕。每每到丈夫的书房，看着他曾用过的笔墨纸砚，睹物思人。

偌大的家里没有了李矩，卫铄不仅心灵上失去了依靠，经济方面也遭受重创，生活大不如从前。

可是，自怨自艾无法带来生活来源，更不能让丈夫死而复生。若是丈夫泉下有知，想必还会为她发愁。卫铄是聪颖通透的人，哭过以后，擦干泪滴，强忍着不舍与悲戚，离开自家，去投奔小妹。

小妹早成为太守王旷的妻子，家里并不缺钱，生活无忧。姐妹俩从小一块儿长大，感情要好。卫铄中年丧夫，家道中落，但她在小妹的眼里还是那个令人自豪的书法大家。

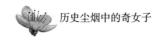

小妹让卫铄与李充在王家安心住下来。

王家愿意供养卫铄母子，卫铄却不情愿做蛀米大虫。她携子奔赴王家，是出于姐妹情深，是为了避免在家睹物怀旧，过分哀伤。

她能在江夏李氏教出书法名家，也能教更多的人学会书法，爱上书法。她要施展这一身的本事，为自己挣得五斗米。

卫铄执意设帐授书，开创女子教授书法的先例。

她的大胆创举，再次赢得了小妹的支持，一如儿时。但小妹提出了一个请求："姐姐要教书收徒，何不先收下我的两个犬子？"小妹有两个儿子，长子王籍之，次子王羲之。

卫铄盈盈一笑，却是不肯。她说，王籍之可收，王羲之不可收。

小妹疑惑不解，王羲之年纪小，年方七岁，但他比王籍之更痴迷书法，天赋更高，笔法也更妙，盼望得到名师指点。为何反而不愿收他为学生呢？

其实，王羲之在书法上的天资，卫铄何尝看不到呢？她看得更深更远。

刚到王家时，卫铄就留意到王羲之了。她看完王羲之写的字帖，暗暗吃惊，小小年纪便有如此功力，前途不可估量。

夸赞的话尚未说出口，小妹就欢欢喜喜地向王羲之介绍卫铄，将这位天地间第一位女书法家一顿夸耀，还说日后若有不懂之处，可多向姨母请教。

卫铄微笑以对，王羲之却态度散淡，傲然自得，并不吭声，有些目中无人。原来，王羲之渴求进步，曾多次央求母亲给他聘请教授书法的老师。但那些老师没教几天，就都被王羲之给比了下去，所以王羲之变得自视甚高。

也正因为王羲之的这种态度，卫铄才不肯收他做学生。

小妹着急了，卫铄可是继承传统大胆创新的顶尖书法高手。王羲之要是错过了这位老师，将是此生莫大的损失。她答应规劝王羲之，令他端正态度，诚心求学。

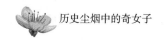

卫铄不以为然："急于求成，适得其反。不是不教，是不急在一时。听我一言，你什么也别对他说。"

从小到大，小妹都对卫铄言听计从，不再对王羲之提起卫铄。只是当卫铄设帐授书时，小妹默默把王籍之送了过去。

卫铄虽是女流之辈，但习得一手好字，声名远扬，不少人慕名前来求学。不论男女老少，她一律收下。

卫铄授课深入浅出，形象生动，旁征博引，意趣无穷。学生们时而欢笑，时而赞许。他们被她的字吸引，也被她的个人风采迷住了。

她是无与伦比的书法家，也成了出彩的教育家。越来越多的学子来求她指点迷津，学生数量太多，她只好分批教学。

王籍之在卫铄那儿学了一段时间后，天天回来赞叹姨母了得。

事情终于勾起了王羲之的注意，他看见兄长的字大有进步，又从未听闻女子教授书法，好奇地前去观摩卫铄授书。

这是他第一次看卫铄的字，听卫铄谈论篆书、隶书、章草、飞白、鹤头、楷书等各种书体的笔法，听得如痴如醉，大为佩服，大受震撼。

言传身教，培养出一代"书圣"

卫铄课毕退堂，回到住处后，王羲之忙端来两盏茶，毕恭毕敬地在她身前跪下。

"这是何意？"卫铄微微一愣。

王羲之奉上第一杯茶，是向姨母请罪，此前态度欠缺恭敬，有眼不识泰山。第二杯茶，是向姨母求教，望姨母收他为徒。

卫铄喜欢百伶百俐的王羲之，对小妹说，时机已到，可以收王羲之做学生了。敬爱师长，主动求学，才能学有所得，学有所成。

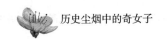

王羲之天资聪颖，缺点是性子太急。

有一次，他问卫铄："姨母，怎样能尽快把字练好？"卫铄没有直接回答他的问题，不急不缓地给他讲了一个关于墨池的故事。

东汉时期，张芝为了把字练好，天天在池塘边，蘸着池水研墨写字，直到日薄西山才起身回家。回家之前，他都先在池塘里把笔砚洗干净。

日久天长，墨汁把整个池塘都染黑了。他的字也越写越好，笔势精熟神妙，创造了草书的第一座高峰，被后人尊称为"草圣"。

卫铄对王羲之说，什么时候像张芝那样有了自己的墨池，字也就练好了。

晚上，王羲之又听母亲说起，卫铄也留下了墨池，心里对姨母更加敬佩了，耐心学习书法。据史料记载，王羲之留下的墨池比张芝还要多。当然，这是后话了。

王羲之跟随卫铄学习书法后，大有长进。他身上带着一股傲气，性情有些乖张。卫铄适时教他天外有天，人外有人。当他学会了张芝的草书，卫铄就让他练习钟繇的楷书。当他学会了楷书，卫铄又教他学行书。

她要王羲之博学群书，持续苦练，把众多书法家的长处统统学到手。要想在书法界有所建树，扬名立万，就要糅合百家之长，悟出笔法千变万化的神韵，才能有所创新。

卫铄教导王羲之保持学习，严于律己，长年以来，她自己也是这样做的，可谓言传身教。吃饭的时候，卫铄也不忘看书，揣摩前人留下的书法作品。

一天中午，王羲之给卫铄送来馍和蘸酱，请她用饭。

卫铄边吃边看前人的书法作品，看得入迷，吃得随意。过了一会儿，王羲之过来看她吃完饭了没有，好向她请教几个问题。竟看到那一碟蘸酱未见减少，而砚中的墨却光了。卫铄这才知道，自己用馍把墨蘸着吃完了。师徒俩不禁欢笑起来。

卫夫人吃墨一事，也传为了佳话。

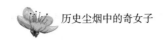

　　在卫铄的用心培养和影响下，王羲之12岁时，写字已颇为老练，笔势洞精，字体遒媚，有咄咄逼人之势。卫铄激动地对小妹和妹夫说道："这个孩子了不得，以后定会超越我的。"

　　王羲之长大后，到异地为官，总会想起卫铄的教导。看到前人留下的碑文题字，都要认真琢磨，体会个中特点，揣摩每个字的结构、运笔和气势。一边想，一边用手指在衣衫上比画。时间长了，衣衫都被他划破了。

　　卫铄也早已离开王家。公元346年，褚氏推荐李充为剡县县令，卫铄便跟随儿子来剡县定居。

　　年老的卫铄对书法激情不减，加上多年的授课经验，令她总结出一套书法理论。她老了，教不动了，但这套理论可以代替她继续帮助热衷书法的后人。

　　卫铄在整理撰写书法理论时，提出"工欲善其事，必先利其器"，书写者应注意选用笔、墨、纸、砚的品种。

　　她对于不同字体的用笔，也有着深刻的见解和体悟："结构圆备如篆法，飘扬洒落如章草，凶险可畏如八分[①]，窈窕出入如飞白[②]，耿介特立如鹤头[③]，郁拔纵横如古隶。"帮助后人把握好不同字体的书写风格。

具体到笔画，卫铄对七种基本笔画进行了形象生动的描述，作为七条标准："横"如千里阵云，"点"如高山坠石，"撇"如陆断犀象，"折"如百钧弩发，"竖"如万岁枯藤，"捺"如崩浪奔雷，"横折钩"如劲弩筋节。这为初学书法者提供了良好的入门途径。

卫铄还提出初学者"先大书，不得从小"的理论原则，因为大字字形大，便于观察整体字形和各个细节，每个书写关键处都不会被忽略，也容易掌控笔力，以便掌握基础书法技法。

另外，卫铄对书法上的笔力、意境和书法家的修养，也

① 八分，隶书的两种形态之一。另一种为汉隶。

② 飞白，一种特殊的书法，相传为蔡邕所创。

③ 鹤头书因其形似鹤头，故有此称。

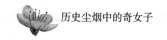

作出了深刻的论述。

除了以上这些，她觉得还是不够，又提出了"力筋"一说。认为书法就像人体一样，有血有肉有骨有筋有力，整体上要有一种丰满的审美规范。

卫铄将这一套书法理论起名为《笔阵图》。

《笔阵图》完成后，风靡一时，对当时习书法之人大有裨益。卫铄名声大噪，成为历史上第一位关注书论的女书法理论家，惊动了皇帝。

皇帝命人呈上《笔阵图》，阅后连声叫好，赞誉卫铄在书法艺术上有突出成就，在书法理论方面也有全面深入的论述。皇帝一高兴，赏赐给卫铄一尊稀世珍宝——玉石白菜。

那是对她书法成就的认可，是无价之宝。卫铄对这棵玉石白菜爱不释手，常在写字时，把它放在案头上。写累了，便观赏片刻，油然生出丝丝笑意。

公元 349 年，卫铄在床上一睡不起，身边放着她的书法作品和玉石白菜，终年 78 岁。家人深知她钟爱玉石白菜，奏请皇上后，将它作为卫铄的陪葬品。

讣告由剡县传至京师，传到了在京城任职的王羲之耳中。那时的王羲之在书法上广采众长，备精诸体，兼擅隶、草、楷、行各体，颇负盛名。人们从他的行书上，依稀可见卫铄书法的神韵。他对卫铄心存感激，两人是亲戚，是师生，也是朋友，没有当年卫铄的启发教育，就没有后来功成名就的王羲之。

得知姨母与世长辞的噩耗，王羲之悲痛万分，浑浑噩噩，连平常基本的事务都不能料理。

深夜难眠，王羲之掌灯写下饱含深情的《姨母帖》：十一月十三日，羲之顿首、顿首。顷遭姨母哀，哀痛摧剥，情不自胜。奈何、奈何！因反惨塞，不次。王羲之顿首、顿首。

《姨母帖》一共不过42字，却句句哀思，字字泣血，悲情难抑。

在卫铄去世4年后的永和九年，王羲之组织兰亭雅集，

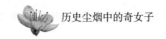

写下《兰亭集序》，书法达到了登峰造极之境。《兰亭集序》被称为"天下第一行书"，王羲之被尊为"书圣"。

卫铄培养出一代"书圣"，她与王羲之将名师与高徒的关系演绎到了极致，成为中国书法史的千古佳话。卫铄的书法艺术给人以美的享受，可惜流传下来的真迹不多，主要有《名姬帖》《卫氏和南帖》《与释某书》等。她的笔法是历代书法家学习的模板，她的书论《笔阵图》成为中国书法理论的重要内容，她的事迹激励了历朝历代的女书法家用笔写出一方天地。

第四卷

女将军妇好：爱"红妆"更爱武装的女战神

在遥远的商朝，主要使用甲骨文记载各项重要事宜。在殷墟出土的一万多片甲骨里，其中有两百多次提到一位女性，她就是中国历史上第一位女英雄、女将军、女政治家——妇好。

妇好是商朝国君武丁的王后，她不愿每天在后宫涂粉戴花，与六十多位嫔妃姬妾争风吃醋，而是凭借惊人的战绩及广博的学识加封为大将军、大祭司，后获得封地，成为一方诸侯。她一生征战九十余次，打败过二十多个方国，是名副其实的女战神。

在后宫，妇好善于对镜帖花黄，打扮自己，管理好一群后宫王妇，为商王生儿育女；在封地，她治理有方，土地富饶，每年都能向武丁进贡大批珍贵贡品；在境外，她能征战四方，杀伐果断，几乎没有败绩，是武丁时期一次征战率兵最多的将领。她到底是如何获得如此重大成就，成为流传千古的完美女性的？

出身不凡，从王后到女将领

妇好，姓"好"①，"妇"为亲属称谓。她出生于河南东部、山东西南部一带，生活在公元前 13 世纪的商王朝时期。

妇好出身不凡，是商朝北部方国的公主，从小智勇超群。据史料记载，长大后的妇好有着女儿家的娇美，同时身体健壮，臂力惊人。十多岁的时候，她就懂得使用各式兵器，最常用的是大斧，重达九公斤，舞得虎虎生威。

在妇好到婚配年龄时，商王朝第 22 任君主武丁已经接连娶过两任妻子，后宫还有六十多位嫔妃姬妾。商朝帝王都只有一位正妻，也就是王后，可以拥有众多王妇。除非第一

---

① 先秦女性姓氏写在最后。另有一种说法，妇好并不姓妇，父姓是一个亚形中画"兕"形的字符，嫁给商王武丁后，得到了"好"的氏名，故尊称为"妇好"或"后妇好"。

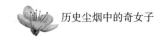

位正妻去世，君王才能立第二位正妻。

　　武丁个性要强，胸怀壮志，是有口皆碑的贤王。在他的第二任妻子去世后，迎娶了出身高贵的妇好为王后。本是政治联姻，为的是强强联手。武丁并没有预料到，这位来自北部的公主会比前两任正妻都厉害得多，日后更是权势显赫、战功卓著，受他器重，成为他生命中最重要的女人之一，也是他人生中真正深爱过的女人。

　　结婚初期，武丁对妇好不甚了解，以为她跟大部分的贵妇人一样，只爱涂粉戴花，不懂政事，更不懂军事。他从不与妇好交流朝中事宜。

　　当时，有一个叫土方国的强悍部族，经常肆意入侵商朝的北部边境，抢掠财物，掳走人口牲畜，百姓苦不堪言。据甲骨文记载，一年夏天，北方边境发生战乱，土方国再次来犯。武丁愤怒不已，拍案而起，说土方国向来是商王朝的心头大患，若不除掉，永不得安宁。他立即派一员大将前去征讨土方，消灭敌人的嚣张气焰。

这场仗持续了很长时间，敌军作战经验丰富，奸狡善战。武丁派出的大将始终不能占领上风，双方相持不下，问题久久不能得到解决。

妇好听闻前线战事后，主动请缨，要求带兵出战。她坦率地告诉武丁，自己自幼练武，了解一些作战的方式，如今又贵为王后，若是领兵出击，定能鼓舞士气。武丁虽然已经知道妇好会舞刀弄枪，但并不认为她具备领兵作战的能力，驳回了她的请求。

妇好追上前去，一再请求。武丁仍然犹豫不决，顾虑重重。

大概是妇好的坚持与自信，最终令武丁有所动摇。他请人来占卜，询问吉凶福祸，以此来决定是否让妇好出征应战。

占卜的结果为"大吉"，妇好大笑，得到了出征的机会。

谁也没想到，年轻娇媚的王后一上战场就跟换了一个人似的。她不仅指挥调度有方，还勇猛过人，身先士卒。在

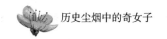

妇好的带领下，商朝军队很快就打败了敌军，摘取胜利的果实。

土方国敌兵战败而退。一般情况下，这个时候，妇好应当班师回朝，跟国君汇报战绩，接受封赏。妇好却沉默着不肯走，击退敌人，不如彻底挫败敌人，让对方失去战斗力或者心生恐惧与敬畏，从今以后再也不敢来犯，再也无能为力来犯。

权衡利弊后，妇好当机立断，伴随一声令下，策马扬鞭，继续率兵出战，乘胜追击敌军。许是妇好的追击和勇猛实在太出人意料，土方国的军队一败再败，终于一蹶不振。他们被打得服服帖帖，心有余悸。

这一次大战过后，土方不但不敢来犯，连国土都被划入了商朝的版图。

剔除了心头大患，犹如商王朝的一颗毒瘤被摘掉，百姓们奔走相告，举国欢腾。当捷报传回朝廷后，武丁大笑不止，对妇好另眼相看，加封她为"大将军"。于是，妇好成为了中国历史上第一位女将军，威名远扬。

从王后到女将领，妇好完全获得了武丁的信赖与认可。她与武丁的关系也逐渐发生微妙的变化，成了一对互敬互爱、志同道合的夫妻。妇好可以自由参与朝堂之事，这是后宫其他王妃所无法企及的。武丁遇到军事难题，总会虚心征求妇好的意见。

妇好已然是武丁的左膀右臂，她身手不凡，有勇有谋，多次率领军队东征西讨，大胜而归。武丁也是善战之人，时常御驾亲征。遇上困难的战役，他则邀请妇好一同出征，夫妻合作，并肩作战，迎难而上，大杀四方。

智慧超群，在重大战役中获胜

与许多古人一样，武丁相信占卜，每次出战前都要请人卜算一卦，问凶吉。出于对妇好的关心，他也常常帮妻子卜卦问战事、病情等各种情况。

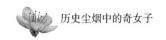

在古代，占卜大师是特殊的存在，他们通常是一个国家里有着某种顶尖学问的人，或是诸多类型学问的集大成者，因而很受人尊敬，就连帝王都要敬他们三分。

有一次，武丁想请大师占卜时，妇好却站出来表示，她也熟悉此道，可以为夫君分忧。武丁惊讶万分。

原来，妇好待字闺中时就博闻强识，后来又跟着父亲兄弟积累了广博的见识。嫁与武丁为妻后，只要不是战事吃紧，她便勤奋学习，补充祭祀占卜的知识。

国之大事，在祀与戎。在商代，帝王崇尚天命，把祭祀与战争同时看作国家大事。经过几次验证，武丁确信妇好精通此事。他对妇好越发敬佩，遂封妇好为大祭司，负责主持祭祀占卜之事。遇到战事、天灾要占卜问卦，在特殊的日子里，要祭天、祭祖先、祭山泉等等。武丁听随天意，凡事占卜为"吉"则行，遇"凶"则放缓。这样一来，作为占卜官的妇好，倒成了国家大事的实际决策人了。

当然，妇好智慧超群的地方，主要还是体现在军事方面。那一年，武丁有意征伐巴方国 ①，拓展国家版图，但一时想不到有利的策略和部署。他聚集众将领，命大家出谋献计。大伙儿你一言我一语，献出不少计谋。可这些计策，无一例外都有很大的风险和明显的漏洞，被武丁一一否决了。

在武丁苦恼之际，群臣再无良策之时，妇好挺身而出。她观察完地形后，想出了一条妙计。由她与武丁各自率领一支军队，一起利用地形对付巴方军。她先领兵悄然出发，在敌军的西面埋伏布阵。接着，武丁率领精锐军队，从东面袭击敌人，发起猛烈的攻击，务必把他们击溃、逼退，将敌军赶入西面的埋伏中。妇好和武丁的两方军队便可围歼敌军，巴方军队遭遇伏击后，必将顾此失彼，溃不成军，终被彻底歼灭。

武丁听后，认为此计甚妙，满意至极，便与妇好一同领兵出战。

---

① 今湖北省西南部地区。

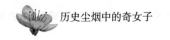

山川凛凛，草木萧萧，妇好立在阵型中，静待敌人自投罗网。

这是妇好一生中经历过的最精彩巧妙的一场战役，也是中国历史上最早的"伏击战"。武丁与妇好夫妻二人信心十足，成功困住所有敌人，瓮中捉鳖，越战越勇，大获全胜。

自此，妇好名震天下。比起武丁，许多方国的君臣更惧怕的是妇好。要是妇好迎战，从气势上就能震慑对方，甚至吓退敌军。

妇好声名远扬，武丁不仅不嫉妒，对妇好的感情反而变得更加深厚。妇好外出办事，未能在计划内的时间回来，他便寝食难安，心神不宁。一会儿担心妻子突然生病耽误了行程，一会儿又怕妻子因树敌太多中途遭人暗算。

然而，妇好总能平安回来，就算负伤在身也神情安然，稳如泰山。

不久，她又主导了一场重大战役。

这次的敌人是羌方国，实力比周遭绝大多数的方国都要强劲，不容小觑。在商朝时期，两国交战，出动的兵力多半只有千余人。可这回平定羌方，妇好预感是一场硬仗，只带一千多人的兵力恐难制敌。

既是一场硬仗，武丁作为善战的国君，本想亲自上阵，领兵远征。但他思忖再三，最后觉得还是妇好出战更有胜算，就把统帅的位置让给了爱妻，并以平常十倍的兵力相托。

妇好动容，群臣惊诧，劝武丁三思。武丁并不犹豫，坚持己见。妇好也不推辞，爽快领命，率领一万三千人浩浩荡荡地出发，攻打羌方国。她这一走，相当于带走了商王朝一半的兵力，这是武丁对妇好的充分信任。他还派出两位久经沙场的心腹爱将，一起协助妇好，这是武丁对妻子的尽力保护。

甲骨文中郑重地记录下这次的战役："辛巳卜，登妇好三千，登旅万，呼伐羌。"这是武丁时期出兵规模最大的战争，妇好也成为武丁时期一次征战率兵最多的将领。

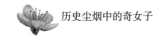

战争无情，人有情。妇好率兵离开后，武丁整天坐立不安，每天翘首以盼，望妇归来。

而身在前线的妇好不负所望，经过一番激战，成功俘获了大批羌人，大大削减了羌方国的势力。商王朝的西部边境得以安宁。

据史料记载，武丁收到妇好获胜的消息后，抑制不住内心的狂喜，赶紧领着部属出城相迎。可妇好的大部队哪有那么快回到都城，武丁左等右等，看不到爱妻的身影，继续骑马前行。马儿一路奔跑到城外八十多公里以外的地方，武丁终于与妇好相遇于郊外。相见的喜悦，让他们抛下了君王与王后高贵庄重的身份，回归到一对平凡相爱的夫妻。两人相望而笑，将各自部属通通丢下，在旷野里追逐驰骋，最后并驾齐驱而归。

此后，每次妇好出征作战，凯旋之时，武丁都会出城相迎。帝后鹣鲽情深，鲜有矛盾。

面面俱到，爱"红妆"更爱武装

武丁是商朝众多君王中武功最好的，他与妇好相互配合，长年征战，开疆拓土，把商王朝的版图扩大了好几倍。随着妇好征战超过九十次，打败了土方、巴方、羌方、鬼方、南夷国等二十多个方国，立下汗马功劳，是名副其实的女战神。武丁表示，妇好战功赫赫，开疆辟土有她一半功劳，理应重重有赏。

武丁加封妇好为诸侯，划给她一片封地。作为君王的女人，能凭借不朽战功获得如此赏赐，这在之后的中国历史上再也没出现过。

在封地里，妇好可以主宰一切，包括政治、经济、民生等等。

她要办理很多政务。她原是武将，却也懂得与文臣的相处之道，能够与大臣们配合着办事。为显示自己尊敬老者，妇好时常会见老人，尤其是当地德高望重的老人，博得百姓

73

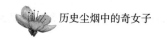

好感，慢慢成为一名出色的政治家。

妇好还大力支持农耕，发展经济，尽心尽力。在妇好的英明领导下，她的封地成了商朝最富饶的地方之一。经济得到发展后，妇好得以自由地大规模铸造青铜制品，日子过得蒸蒸日上。

按照规定，所有的诸侯都要定期向君王武丁交纳贡品。妇好是个特别的存在，她既是诸侯，也是王后，还是武丁最看重的爱人与功臣。即便她不进贡，别的诸侯也不敢有微词，武丁更不会怪罪于她。妇好却不愿因私废公，坚决执行进贡义务，以身作则，维护国君与诸侯之间的礼仪。

甲骨文里关于妇好进献的贡礼，有着浓墨重彩的记载。比如："妇好示十屯^①。宾^②。"又如："好入五十。"意思是，妇好进贡牛肩胛骨 20 片，进贡龟甲 50 件。这类甲骨在古代属

---

① "屯"即"纯"，是甲骨的计量单位，两片牛肩胛骨为一纯。
② "宾"是负责接收妇好进献的贡品的官员名字，在甲骨上刻上自己的名字，表示签收。

于难得的宝贵物品，妇好能一次性进贡如此多甲骨，足以说明她的富裕与慷慨，以及对君王的忠心耿耿。

妇好身兼多职，大部分时间都居住在自己的封地里，但她还是没有忘记王后这个身份。据史料记载，妇好不时会见多位王妇，把后宫管理得井井有条。

她与武丁距离产生美，小别胜新婚，感情日益深厚，屡屡生育儿女。

生了孩子的妇好，身上散发出母性，比平日要温柔得多。闲暇之时，妇好也喜爱梳妆打扮，戴上流行的饰物，在花园里流连……

不过，妇好爱"红妆"更爱武装。在封地里，她积蓄力量，组建自己的军队，日益壮大，达到三千多人，一个个英勇彪悍。在商朝武丁时期，有些普通小国的全部兵力也没有妇好这支军队那么多人。妇好习惯带领着自己的军队，去征服一场场严峻的战斗。

有一次，敌军入境，妇好明知有孕在身，仍挂帅出征，

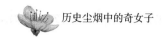

痛打敌人。最终，敌方落荒而逃，妇好跨在马上，安然无恙。

如此威风凛凛的妇好，有一天却从战马上摔了下来，生命定格在 33 岁。在商朝时期，人们普遍年寿不高，这已不算早逝。妇好死于一场战役当中，但这只是其中一种推测。

甲骨文中还有这样一段记载，大意是："妇好要分娩了，不好。三旬又一日，甲寅日分娩，一定不好。女孩。"便有了第二种推测，妇好死于难产。古代妇女难产死亡率高，这样的猜测也不无道理。

除了以上两种可能，还有人猜测，妇好的死因是积劳成疾和战伤复发而逝。

武丁的悲痛真真切切。他赐予妇好谥号为"辛"，人们尊称她为"母辛"和"后母辛"。

武丁对妇好万般不舍，命人在他处理军政大事的宫室旁掘出一座巨大的墓穴，将妇好埋葬于此，自己便能随时看到爱妻，与她日夜相伴。

悲痛不已的武丁，为妇好举办了隆重的葬礼，准备了丰厚的陪葬品。他希望妻子在九泉之下，也能过着丰富多彩的生活。妇好活着的时候是一名威震四方的大将军，故墓穴里放入一件刻着"妇好"铭文的武器"钺"，作为领兵打仗的权力的象征。除了一件钺，还附带大量其他兵器。妇好生前有自己的封地，乃一方诸侯，生活富足。武丁又命人在她墓穴里放置了工艺精湛的玉器五百九十多件、骨器五百六十多件、青铜器四百四十多件，还有六千多枚贝壳，以及一些象牙制品、石器和陶器等。妇好也爱美，陪葬品少不得诸如玛瑙珠、骨笄、精美的铜镜等女性专用的饰品。

据统计，妇好墓穴的陪葬品多达近两千件！这是武丁对她的战绩与付出的肯定，也是武丁对她的情意绵绵。

斯人已逝，幽思长存。根据历史记载，武丁在位五十九年，在漫长的岁月里，对妇好念念不忘。每当遇上令他困扰的事情，都要到妇好墓前静坐半日。他像是想从妇好那里得到某种指示，抑或仅仅倾诉衷肠。毕竟，世间男女千千万万，志同道合、比肩而立的知己爱人，最是难求。

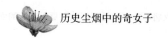

当国家遭遇战事时，武丁更是亲率子孙大臣，庄严肃穆地为妇好举行祭礼，祈求得到她的保佑，令商王朝的军队旗开得胜。时隔多年，人们对她依旧崇敬有加。

妇好的一生精彩纷呈，也被武丁惦念了一辈子。她拥有多重重要身份，是王后、将军、诸侯、政治家和大祭司，却又能把每一个角色都做到出色。她是一名传奇女子。

第五卷

女将秦良玉：胆智过人的忠贞侯

历史上，杰出的女性会被载入《列女传》。古代也出现过花木兰、杨门女将等在军事上有影响力的女性。但只有一名女子，走进了《二十四史》的《明史》的将相列传。她就是秦良玉，是唯一以女性身份作为王朝名将在正史将相列传中单独立传的巾帼英雄。

秦良玉智勇双全，练出一支奇异的精锐军队白杆兵，所向披靡。她替夫从军，带领兄弟、儿子、儿媳征战四方。英勇善战的努尔哈赤、皇太极、多尔衮，都曾是她的手下败将。当身边的亲人一个个战死沙场，她仍傲然挺立。在古稀之年，还能令宿敌闻风丧胆。

因战功显赫，秦良玉曾被封二品官员、诰命夫人、少保、镇东将军，最后封侯，成"忠贞侯"。

历代文人写诗词歌赋歌颂她，就连明朝崇祯皇帝也当面作诗四首赞颂她。秦良玉死后，48个地区的百姓，自发地为她发丧，悼念一代名将，感天动地。

据史书记载，这位明末女将，从小就喜欢女扮男装……

练出白杆兵，替夫征战

秦良玉，出生于 1574 年，四川忠州^①人。

父亲秦葵是个读书人，熟读诗书与兵法，但仕途并不如意，唯有寄希望于儿女们。秦良玉排行老三，上有两位兄长秦邦屏、秦邦翰，下有一个弟弟秦民屏。

在秦葵的谆谆教导下，三个儿子皆学有所成。

秦良玉是唯一的女儿，甚是受宠。秦葵不用条条框框约束她。她从小就喜欢女扮男装，既舞文弄墨，又舞刀弄枪，在军事谋略方面的见解高人一等。

据《明史》记载，秦良玉胆智过人，善骑射，兼通词翰，仪度娴雅。十六七岁的时候，她便对父亲说出这番话：

---

① 今重庆市忠县。

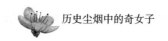

"若给我兵权，我将驰骋万军之中。"秦葵感叹起来："可惜你不是男子，你的兄弟都不如你啊！"

既然女儿喜好武艺，秦葵在为她物色夫婿人选时，有意掂量对方这方面的才能。

公元 1592 年，秦葵精挑细选后，把秦良玉许配给四川忠州西南地区石柱县的马千乘。马千乘比秦良玉年长四岁，是汉代马援将军的后代，属于名门之后。他是当地的宣抚使，也就是土司，是一名武官。

嫁到马家后，秦良玉如鱼得水，在丈夫面前大显武艺，帮助他训练士卒。

她发现这些士卒和兵器都有明显的短板，不适宜山地作战。这里到处都是高山，地形复杂，必须要有一支擅长山地作战的精锐军队。

秦良玉看中了当地产的一种白木，结实、有韧性、不易折断，琢磨着用它做成一根长枪，叫白杆枪。枪头带有一个月牙形的锋利的钩子，可以用来砍杀敌人。枪尾配上一个厚重坚硬的铁环，可作为锤击武器。最妙的是，枪头的钩子能勾住枪尾的铁环，在遇到高山悬崖时，士卒们可将白杆枪首尾相连，用作攀登。

马千乘对白杆枪爱不忍释，与秦良玉一块操练出一队特殊兵种——白杆兵。

公元 1599 年，杨应龙在播州作乱，马千乘负责征讨。秦良玉让丈夫率领三千白杆兵前去攻打敌方主力部队，她率领五百精兵押送粮草，扼守邓坎。

第一次较量，在秦良玉的周密部署下，杨应龙大败而归。

马千乘大喜过望，在营中大摆筵席，庆祝首战告捷。

杨应龙却趁机对马千乘大军发起袭击，幸好秦良玉快速应变，与丈夫配合得天衣无缝，顺利将敌军击败。

马千乘欣喜大笑，想与士卒们再行庆祝。秦良玉却献上一计："与其庆功，不如趁敌不备，一鼓作气，乘胜追击。"马千乘自认在谋略武艺方面不敌秦良玉，对她信任有加，忙

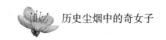

停止庆功，率兵追敌。

据《明史》记载："良玉夫妇首击败之，追入贼境，连破七寨，大败贼众，为南川路战功第一。"

这是秦良玉第一次参加战役，战功第一，杨应龙兵败身死。但平定杨应龙之乱后，秦良玉并不居功自傲。她只想好好辅助丈夫，练兵杀敌。

秦良玉每日操练白杆兵，行军治兵，号令严明。面对敌人时，她果敢机智，料敌如神，多次协助马千乘平定四川地区的叛乱。

在一次次的征战中，白杆兵声名远播。它也成了马千乘的"撒手锏"。

那是马千乘一生中最辉煌的时期，但脆弱的生命结束得太突然。

1613 年，马千乘染上了瘟疫。正当这时，朝廷派太监邱乘云来监军。患病的马千乘因接待不恭，又不肯贿赂太监，被邱乘云怀恨在心。回到朝廷后，邱乘云诬陷抹黑马千乘，致使马千乘含冤带病下狱。

马千乘在狱中得不到及时治疗，含恨而终。

秦良玉悲痛、不服，不停上告，击鼓鸣冤，誓要为丈夫洗清冤屈。后来，朝廷认定是冤案，给马千乘平反了，保留马家石柱宣抚使的世袭职位，让马千乘和秦良玉的儿子马祥麟继任，肃清四川内乱。

这时，秦良玉站出来反对。丈夫含冤病死，她不记恨朝廷，但唯一的儿子年方十七，无法承担大任领兵打仗。她要代领夫职，替亡夫征战沙场。

明朝廷这才注意到秦良玉的存在，她一身正气，不惧权贵，文武兼长，作战有功。朝廷方面遂同意让秦良玉担任石柱宣抚使。

秦良玉领命后，在当地屡次剿灭叛贼，平定内乱。她的管理能力与行军打仗的本领，比马千乘有过之而无不及。

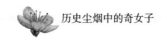

镇压叛乱，进京勤王

1620 年，明神宗朱翊钧、明光宗朱常洛先后病逝，明熹宗朱由校即位。大明最大的敌人后金蠢蠢欲动，趁着朝廷政权交替的混乱时期，频繁进攻东北边境。

后金，是努尔哈赤用了约三十年的时间统一女真族各部落后建立起的少数民族政权，对大明国土虎视眈眈。

东北边境兵力不足，战斗力欠佳。明熹宗下令，全国征集兵马到辽东作战镇压。其中，秦良玉的兵马也被征调了。

兵分三路，第一路兵马负责支援沈阳城，第二路兵马负责拦截攻打由努尔哈赤指挥的主力军队，第三路兵马负责与努尔哈赤的儿子皇太极率领的轻装骑兵进行较量。

秦良玉亲率六千白杆兵北上支援时，战事胶着，情况不妙。她的兵马原本只需要支援第三路兵马，但第二路兵马也正处于下风，十分危急。紧要关头，秦良玉大义凛然，把白杆兵分作两支队伍，派兄弟秦邦屏、秦邦翰、秦民屏率领三千人与第三路兵马会合，自己单独领着三千白杆兵支援第二路军队。

第二路兵马面对劲敌努尔哈赤，一连吃了两场败仗。秦良玉就位后，对总指挥表示，她愿与努尔哈赤的八旗铁骑正面交锋。

起初，从全国来的其他军队对秦良玉并不抱太大希望，仅仅因为大家都忌惮努尔哈赤，不敢轻易冲上前线，方让她出战。努尔哈赤看到军队统帅是一位骑着桃花马的中年妇人，加上白杆兵打扮怪异、兵器奇特，看上去不像正规军。他满不在乎，大笑道："大明无人可战矣！"

努尔哈赤派出正白旗应战，然后，亲眼看着自己的军队惨败。训练有素的白杆兵骁勇无敌，配合得当。一部分白杆兵用白杆枪勾敌军的马腿，人仰马翻后，其余白杆兵一拥而上，快速杀敌。白杆枪下，几乎没有活口。

正白旗就在努尔哈赤难以置信的目光下惨烈战败。

努尔哈赤不敢再小瞧秦良玉，恼怒之下，亲自上阵，率

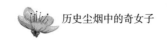

领精锐军队正黄旗抗击秦良玉的白杆兵。

秦良玉早对努尔哈赤有所耳闻，但她毫不胆怯，冲锋陷阵，做出表率，使得士气大涨。白杆兵步步紧逼，敌军连连败退。

努尔哈赤眼看不是秦良玉的对手，不再轻率出战，退兵多里。

秦良玉刚松了口气，却听闻第三路兵马对战皇太极部队时损失惨重，死伤无数。她连忙翻身上马，身披白袍，手提白杆枪，领着白杆兵一路赶过去。

到达前线时，秦良玉听到了噩耗，兄长秦邦屏和秦邦翰都在这浑河战役中战死沙场。而弟弟秦民屏身负重伤，还在敌人的包围圈里，命悬一线，万死一生。

秦良玉忍住眼泪，咬紧牙关，领兵冲进皇太极部队的包围圈。她使出全身力气，杀红了眼，拼命领着弟弟秦民屏突围而出。

安置好弟弟后，她又杀了回去，一路砍杀，带兵斩获敌人首级数千，身上沾满了敌人的鲜血。最后，一身是血的她，在战场中硬是把两个哥哥的尸体背了出来。

努尔哈赤不是她的对手，皇太极也成了她的手下败将，眼见明军势大，只好撤兵退出榆关。

数日前还生龙活虎的兄弟，如今一人重伤，两人战死。秦良玉悲痛难忍，但为了稳住军心，等到敌军远远撤退后，才敢让泪水轻轻淌下，抚枪饮泣……

兵部尚书张鹤鸣了解完事情的经过后，盛赞秦良玉："上急公家难，下复私门仇，气甚壮。"他上书明熹宗，请求奖赏秦良玉及其家人。

明熹宗下诏，封秦良玉为二品官和诰命夫人，厚待其家人。秦良玉感激天恩："将以余生献给大明，以报天恩。"

这一场大战后，秦良玉成了闻名天下的女将，后金也很长时间都不敢来侵犯榆关。

后金的力量暂时被镇压下去了，但在重庆、贵州等地却发生了漫长的叛乱——奢安之乱。先是永宁宣抚使奢崇明造

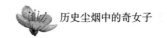

反，接着水西土司安邦彦起兵响应奢崇明，共同反明。

秦良玉接到传令，要去镇压叛乱。奢崇明深知秦良玉的厉害，不想与她为敌，派使者带上金银珠宝，前来跟她谈结盟。刚正不阿的秦良玉感觉受到了奇耻大辱，当即拔枪，怒斩来使。

她率领部队，攻打奢崇明的叛军。意想不到的是，不少地区的土司都已被奢崇明贿赂收买，或者惧怕敌军，竟无人与她打配合，全都按兵不动。只有秦良玉的军队在浴血奋战，虽一连打了几场胜仗，但前路漫漫，越到后面必然越艰难。

1623 年，秦良玉上书明熹宗，把自己的遭遇如实上报，同时狠狠嘲讽了一众不作为的官员："未睹贼面，攘臂夸张，及乎对垒，闻风先遁。"

那是个政局混乱的黑暗时期，一方面，像秦良玉这般有勇有谋、忠心耿耿、毫无私心的官员太少了；另一方面，反贼势力不断壮大，导致奢安之乱延续了近十年。

1629 年，秦良玉好不容易联合了几方军队，掠夺贼军重要据点，将奢崇明和安邦彦主力部队赶入绝路，贼军全军覆没。奢崇明兵败自杀，安邦彦被斩下马，奢安之乱才算大体被平定。秦良玉战功突出，多次领赏，却忧心忡忡，高兴不起来。

这十年发生了太多事。1624 年，弟弟秦民屏在平定奢安之乱时，屡战屡胜，大破贼兵，不料在退兵时遭到偷袭，勇战而亡。至此，秦良玉的三位兄弟全部在战乱中为国捐躯了。由于明朝廷集中兵力对付内乱，无暇顾及后金的问题，1625 年，努尔哈赤在盛京打造皇城，建立清朝，势不可当。1627 年，在局势严峻之时，明熹宗驾崩，弟弟崇祯皇帝即位。

在这样的局面下，秦良玉预感，一场腥风血雨的大战一触即发。

1630 年，清军大举进攻。努尔哈赤已经去世，这次领兵的总指挥是皇太极，与他一起来的重要将领还有能征善战的

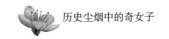

多尔衮。

清兵来势汹汹，转眼间，四座城池失守，直逼京都。

崇祯皇帝惊慌不已，下令全国各路兵马疾驰京师勤王。远在石柱的秦良玉奉诏进京勤王，军饷不足，还自掏腰包补充军粮。

这场京师保卫战的总指挥叫满桂。在秦良玉到达京师时，却听到了骇人的消息，就在三天前，满桂已经战死了！其间，满桂的得力将领还因皇太极使用反间计，被打入大牢。

状况太复杂了，从各地来的兵马都慌作一团，纷纷退兵到郊外，不敢或不肯出战。

只有秦良玉国难当头，不计个人得失，不惧敌军兵将多寡。56岁的她高举白杆枪，在永定门外向皇太极发起进攻，勇猛地杀进了清兵阵营。

努尔哈赤与皇太极都曾败在秦良玉的手上，对她颇为畏惧。十年过去了，皇太极在听闻秦良玉应战时，那份畏惧又悄无声息地重新长了出来。他慌忙派出最英勇无畏、百战百胜的多尔衮，率领八旗兵迎战秦良玉的白杆兵。

据史料记载，这一战惊心动魄，血流成河。秦良玉枪挑刀砍，马如水洗，只进攻不后退。

多尔衮终于见识到秦良玉的骁勇刚猛，铩羽而归。

连多尔衮都败给了秦良玉，秦良玉的出击极大地激励了其他勤王军队，各路兵马总算会合起来，团结一致，全面击退清兵。

崇祯皇帝收到捷报，喜不自胜，下诏面见秦良玉这位巾帼英雄。

此时的秦良玉却顾不上面圣，她还有进一步的杀敌计划尚未完成。

那个风雪飘扬的黑夜，秦良玉偷袭了皇太极的中军大营，使清兵军心大乱。秦良玉借此机会，大肆进攻，逼迫皇太极退出关外，成功收复前不久被占领的永平、滦州、迁安、遵化四座城池。

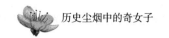

　　捷报再次传到崇祯皇帝手上，朝廷上下一片欢腾，秦良玉名震朝野。

　　崇祯皇帝在紫禁城专门召见群臣的平台面见秦良玉，给她赐酒。秦良玉接过御酒，却没有喝，"陛下，良玉乃一荒野女子，不敢独享此天恩。保卫圣上，乃三军将士流血牺牲之力，良玉欲把此酒献给全军将士"。说罢，她把御酒高高举起，慢慢洒落，哀悼阵亡的将士。

　　崇祯皇帝大为感动，加封秦良玉为少保、镇东将军，并为她泼墨写下四首诗。其一："学就西川八阵图，鸳鸯袖里握兵符。由来巾帼甘心受，何必将军是丈夫。"其二："蜀锦征袍自剪成，桃花马上请长缨。世间多少奇男子，谁肯沙场万里行！"其三："露宿风餐誓不辞，饮将鲜血代胭脂。凯歌马上清平曲，不是昭君出塞时。"其四："凭将箕帚扫匈奴，一派欢声动地呼。试看他年麟阁上，丹青先画美人图。"字字句句，写出了她的忠勇，她的巾帼不让须眉。

一生忠贞

秦良玉老了，大明王朝也走到了末年，各地民间组织也频繁活动。

她所管辖的石柱县成了四川地区特别的存在，秦良玉作为当地土司，将境内管理得井井有条，百姓安居乐业。在战争频发的岁月，许多百姓流离失所，逃难到石柱后，再也不愿离开。

但一个老人的力量，终究无法挽救一个千疮百孔的腐朽王朝。

随着李自成打入北京城，崇祯皇帝悲怆自缢，清兵入关打败李自成，清都从盛京迁至北京，大明被迫逃至南方建立政权。

即便这样，秦良玉也没有动摇过对大明的忠心。1646年，隆武帝朱聿键专门派使节远赴石柱县，加封秦良玉为太保，并封其为"忠贞侯"。这是对一生勇猛忠贞的她，最大

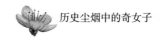

的肯定。她效忠大明，尽己所能平定四川。

秦良玉年逾七旬还在每天练兵。

1648 年，秦良玉在马上检阅完她的白杆兵，翻身下马时，突然倒地身亡，结束了悲壮的一生。

秦良玉去世后，多达 48 个地区的百姓，自发地为她发丧，悼念一心忠于国家、一生对百姓秋毫无犯的一代名将。

第六卷

女外交官冯嫽：化解一国内乱的
智多星

西汉时期，朝廷重视与西域三十六国的交流。张骞曾两次出使西域，开拓了丝绸之路，在外交活动中作出杰出的贡献。在他之后，西汉还出现了中国历史上第一位女外交家冯嫽。

冯嫽的事迹被记录在《汉书》及各种民间典籍里，她原本只是一名陪嫁侍女，随和亲公主刘解忧远去西域乌孙国。凭借过人的口才、智慧与胆识，冯嫽一次次摆平政乱，解救公主。她先后三次出使西域，深得西域民众敬佩，受到地位仅次于乌孙国王的右大将的爱慕，被尊称为"冯夫人"。她在西域居住超过五十载，在加强汉朝和西域各国的友好关系方面，作出了巨大的贡献，名声响彻大汉与西域，成为出色的外交家、政治家。

一个出身低微的侍女，为何能取得如此重大成就？

和亲侍女成名震西域"冯夫人"

冯嫽，出生于西汉时期，因家贫自幼被送入宫中当婢女。

朝廷为了抗击匈奴，与西域乌孙国联姻。乌孙是当时西域三十六国中最强盛的国家，乌孙人生性彪悍，以狩猎放牧为生，能征善战，与匈奴也常有摩擦。公元前105年，汉武帝钦命侄子江都王刘建之女刘细君为公主，远嫁与乌孙国王猎骄靡。

猎骄靡去世后，刘细君依照乌孙的风俗，改嫁下一任乌孙王猎骄靡之孙军须靡。公元前101年，刘细君病逝，汉武帝又以楚王刘戊的孙女刘解忧为公主，嫁与军须靡，结秦晋之好。

十五六岁的冯嫽作为刘解忧的陪嫁侍女，随公主一同前

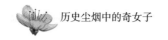

去乌孙。

那是冯嫽第一次出使西域，前往那遥远、辽阔而神秘的地带。据《汉书·西域传》记载："乌孙国，大昆弥治赤谷城，去长安八千九百里。"

他们一路出关，翻秦岭，过河西，穿越人迹罕至的戈壁滩，穿过漫漫黄土飞沙，终于在数月后到达乌孙都城赤谷城。

虽远离故土，前途未卜，但冯嫽乐观看待一切，快活地欣赏起乌孙的美景来。这里有着巍峨高耸的雪山和无边无际的大草原，水草肥美，牛羊数不胜数，是她从未见过的壮丽景致。

刘解忧没有这番闲情逸致，要嫁给一个与她祖父年纪差不多大的男人，痛不欲生。冯嫽自知远在他国，眼前的公主是她今后唯一的靠山，她必须竭尽全力协助公主。公主得势，她跟着获利；公主若有不测，她也就没了生路。

冯嫽宽慰刘解忧："公主生于天家，奴婢是生在天家脚下的小民，奴婢尚且偷生，公主何不向前看？公主是皇家人，胸襟广阔，为了大汉的安定来到乌孙。若能使两国解甲休兵，百姓安居，受些委屈又何妨？"冯嫽的一番话把刘解忧说通了，夸她目光不浅，能言善辩。

刘解忧与军须靡成婚后，被封为右夫人。军须靡还有一个左夫人，是匈奴公主，嫁入乌孙多年，地位比刘解忧更高。刘解忧与军须靡年龄悬殊，言语不通，感情淡漠。

成亲不久，年老的军须靡患上重病，卧床不起。

刘解忧料感军须靡时日无多，左夫人地位尊崇，她的儿子泥靡最有可能继承王位。泥靡有着匈奴血统，他若为王，乌孙国就会亲匈奴，而远大汉，刘解忧和冯嫽的处境将会很危险。

刘解忧心思慌乱，不懂如何应对。冯嫽倒想出一计，她让公主秘密派人快马加鞭回到长安城，将乌孙的局势禀告汉武帝。如果朝廷仍想联合乌孙共抗匈奴，必然会想尽办法阻止泥靡上位。

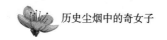

刘解忧听从冯嫽的话，依计行事，但她觉得希望渺茫。远水救不了近火，更何况汉武帝也不能直接干预他国内政。但她没想到，冯嫽还有后招。

军须靡的病情日渐恶化，宫廷之内人心惶惶。冯嫽向刘解忧再献一计，提议与军须靡的堂弟翁归靡和右大将合作。据她所知，翁归靡与右大将手握兵权，对匈奴多年欺压乌孙感到不满。

刘解忧很诧异，这些事情她跟随嫁而来的大汉使者都不清楚，冯嫽这个小小的侍女是如何知晓的？她第一次意识到，冯嫽远没有她想象中的简单。

冯嫽适应能力强，来到乌孙后，积极融入当地的生活。她在语言方面天资聪颖，短短一年多的时间便掌握了乌孙国的语言与文字。同时，她机灵多智，知道公主不受宠，地位不稳，便处处藏拙，不露锋芒。宫里宫外的侍卫、婢女等，并不知道她懂乌孙话，对她毫无防备。因此，她才听到了不少政局内情。

刘解忧喜不胜收，派冯嫽去跟右大将谈合作。

这是事关生死存亡的大事，冯嫽却像去逛集市一样轻松，单枪匹马来到右大将的营帐，面对威名赫赫的乌孙右大将面不改色。"大将军为人豪爽，奴婢也不拐弯抹角。"冯嫽直言，军须靡只有幼子泥靡，泥靡乃半个匈奴人。右大将与匈奴素有嫌隙，又与翁归靡私交甚密。她此番前来，就是想请右大将助翁归靡登上大位，届时解忧公主会助他们一臂之力。

右大将佩服冯嫽的勇气，却也认为解忧公主已是泥菩萨过河，如何能帮他和翁归靡呢？

冯嫽掏出一封密旨，呈给右大将——是汉武帝写给刘解忧的密旨，必要时可用它向军须靡施压。

"大汉与匈奴征战不断，大汉陛下绝不会让泥靡登位。密旨中写道，泥靡年幼，难堪大任，请大昆弥① 另选继承人。

———

① 古代西域乌孙国王的名号。

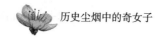

大汉雄兵将到乌孙边境，与大汉结盟有百利而无一害，将军还有后顾之忧吗？"冯嫽侃侃而谈，气定神闲。右大将爽朗大笑，他被冯嫽说服了，也被她的才貌折服了。

右大将看上了冯嫽，她有着汉朝女子秀丽的面容，又有着草原女子飒爽的个性，还足智多谋、能说会道，令人眼前一亮。

他请冯嫽嫁他为妻。冯嫽笑笑，却言其他，男儿志在四方，先立业后立室。

军须靡大限将至，写下遗诏，传位泥靡。在右大将等重臣及大汉朝廷的施压下，更改了遗诏，传位给堂弟翁归靡。

政变化解，翁归靡上位，右大将对冯嫽旧事重提。右大将在乌孙的地位仅次于乌孙国王，且亲近汉室，骁勇善战，不介意冯嫽侍女的身份，对她一往情深。冯嫽也心动了，于公于私，她都无法拒绝。

刘解忧按照乌孙的风俗，改嫁翁归靡。翁归靡仰慕汉朝文化，有意与汉室交好，因而看重解忧公主。两人感情融洽，生下三子两女。

　　而冯嫽在嫁给右大将后，继续刻苦学习，陆续掌握了西域各国的语言，经常跃马扬鞭，在草原驰骋，以使节的身份代表解忧公主出访各国，问候西域百姓，宣扬大汉文化。她善于辞令，待人接物大方谦恭，受人敬服，被西域诸国尊称为"冯夫人"。

　　冯嫽从一名和亲侍女成为名震西域的"冯夫人"，花了十余年的时间。在她与解忧公主的共同努力下，乌孙与大汉边界安稳了很长时间。

凭借一张巧嘴救下公主性命

　　公元前87年，汉武帝因病驾崩，年仅8岁的汉昭帝继位。主少国疑，汉室朝廷陷入一片混乱。

　　这对于匈奴而言，却是一个好消息。自从翁归靡上位后，乌孙与汉室来往密切，大大减少了与匈奴的贸易往来。

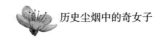

匈奴方面感受到了威胁，若乌孙彻底倾向汉室，匈奴控制西域的计划将难以实施，举步维艰。但碍于汉朝兵强马壮，匈奴不敢轻举妄动。

汉武帝归西，朝廷权力交替忙乱不堪，无暇西顾。匈奴趁此机会，招兵买马，组建训练庞大的骑兵团。

若干年后，骑兵团训练完成，如同一队凶悍的野兽。匈奴抓紧机会，大举进攻乌孙。乌孙军兵不敌匈奴军队，节节败退。每一次开战，传来的都是坏消息，土地、牛羊被强势掠夺。

翁归靡急如星火，忐忑不安。

冯嫽多谋善断，请解忧公主书写求援文书送往长安，安抚翁归靡："等大汉援军赶到，两面包夹，匈奴必败。"

朝廷接到求援文书后，有意发兵支援乌孙。可军队尚未部署好，有病在身的汉昭帝突然驾崩了，朝局动荡，只好回信告之暂缓发兵计划。

这是冯嫽没有料到的。更令她料想不到的是，汉昭帝驾崩的消息很快传到了匈奴，令匈奴军队无所顾忌，愈战愈勇。乌孙连失领地，形势危急，翁归靡信心受挫，想向匈奴求和。而匈奴认为，有匈奴血统的泥靡上位失败，翁归靡成功登基，在乌孙的带动下西域多国倾向汉室，所有对匈奴不利的事都发生在刘解忧到乌孙和亲后。所以，罪魁祸首就是刘解忧。匈奴单于派使者到乌孙宣布，交出解忧公主，方可停战。这是议和的唯一条件！

一石激起千层浪，乌孙内部掀起了激烈的讨论。

翁归靡性格软弱，紧急召见右大将，他自认无能，打不过匈奴，实在不想再看到百姓遭殃，想交出公主求和。

千钧一发之际，冯嫽不请自来，冲入帐内。

"大昆弥，公主是您的妻子，大丈夫岂能将妻子交给敌国受辱？此举只会令大昆弥与乌孙颜面扫地。大昆弥当真以为，交出公主，匈奴就会退兵？匈奴是土匪强盗，志在占领乌孙，控制西域。大汉朝廷决不允许公主受辱，假以时日，大汉援军必到。"冯嫽简短的一番话，点明战事的利害关系。

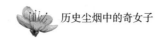

右大将第一个被说服了，劝翁归靡三思。

翁归靡冷静下来后，也觉得冯嫽说得在理，这才放弃求和，拼死搏斗。

这是冯嫽一生中最惊险的时刻，她凭一张巧嘴救下公主性命。其实，大汉援军能否及时赶到，她并无把握。

战争仍在进行，乌孙苦战数月后，已陷入了绝境。冯嫽奏请翁归靡亲自给大汉朝廷写一封加急求援书，《汉书·西域传》中记载了这封求援书的内容："匈奴复连发大兵侵击乌孙，使使谓乌孙，趣持公主来，欲隔绝汉。唯天子出兵以救公主。昆弥。"

汉室朝廷在经历了汉武帝之子汉昭帝驾崩后，由汉武帝之孙刘贺登基，27 日后就因荒淫无度被废为庶人。现今掌权的，是汉武帝的曾孙汉宣帝。

汉宣帝登基时间不长，却是一位文治武功的贤君，重视与西域的交流。他下令调集大军，帮助乌孙抗击匈奴。

公元前 72 年农历正月，汉朝十五万大军与乌孙五万军兵会合，反击匈奴，转败为胜，挺进匈奴的都城，匈奴单于兵败求和。

大汉与乌孙都知道冯嫽擅长外交，派她作为使者去接受匈奴的降书，确认各项议和条件。

匈奴单于对冯嫽恨之入骨，就是她舌灿莲花，救下解忧公主，为乌孙争取了时间，引来大汉援兵。由于冯嫽与刘解忧关系非同一般，他以为冯嫽会借机公报私仇。冯嫽却心平气和地说道："大汉和乌孙不会乘人之危。"并提醒单于，杀心太重，绝非好事。前些年，西域连遭天灾，翁归靡与刘解忧都在奋力赈灾，受民爱戴。单于却不顾百姓死活，招兵买马，意在开战。丧失了民心，匈奴内部将不断分裂，最终走向衰落。

匈奴大伤元气，不敢再来袭扰乌孙。冯嫽也过了很长一段风平浪静的日子。

公元前 60 年秋天，乌孙再次发生政变。

翁归靡患上急病，没过几天就去世了。刘解忧没有心理

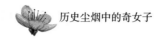

准备，但她理所当然地认为，下一任乌孙王是自己与翁归靡的儿子元贵靡。

冯嫽却预感不妙，想起当年军须靡写下的遗诏，越发感觉危机逼近。

如她所料，这么多年过去了，一些乌孙老臣并没有忘掉先王的遗诏。当年，汉室朝廷与翁归靡一派以泥靡年幼为由，对军须靡施以压力，逼迫他更改遗诏。遗诏里写明，先传位给翁归靡，待泥靡长大成人，翁归靡需把王位交还泥靡。过去，翁归靡年富力强，无人敢提起遗诏一事。如今，翁归靡突然病逝，冯嫽来不及与大汉朝廷商议对策，就算浑身是嘴，也说不出任何正当理由阻止泥靡上任。刘解忧也要改嫁泥靡。

泥靡身上流着一半匈奴人的血液，亲近匈奴。初登大位，他便断绝与汉室的政治经济往来，并残暴诛杀乌孙的亲汉势力，与刘解忧关系紧张。同时招募匈奴好战分子，巩固亲匈奴势力。

泥靡野心勃勃，想联合匈奴，共同攻打大汉。

然而匈奴就如冯嫽当初对单于所说的那般，选择战争，而非赈灾，终是失了民心。匈奴内部矛盾不断，不断分裂势力，逐渐衰败。而汉宣帝勤勉于政，他统治期间，是西汉王朝综合国力最为强盛的时期。公元前54年，匈奴单于权衡之下，派使者入汉称臣。

匈奴的举动令泥靡气愤至癫狂，他不管不顾，下令集结军队，不日猛攻大汉边界。元贵靡生性纯良，不忍看到两国生灵涂炭，进谏劝说泥靡收回成命。泥靡怒不可遏，竟以"元贵靡觊觎王位"为由，圈禁了元贵靡。

刘解忧担心儿子，前来说情。泥靡恶狠狠地表示，他没下令砍杀元贵靡，已是顾及解忧公主的情面，别敬酒不吃吃罚酒。

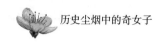

不费一兵一卒化解一国内乱

刘解忧心急火燎，找到冯嫽商量计策。

事发突然，派人通知朝廷乌孙要向大汉开战，已是赶不及。为了禁止泥靡发兵，救出元贵靡，刘解忧决定走一步险棋，设局刺杀泥靡。

次日，刘解忧做东设宴，邀请泥靡与右大将夫妇。宴席上，刘解忧放下身段，向泥靡说了许多服软的话。冯嫽也赞美吹捧泥靡。

泥靡好不得意，酒醉三分，似是放松了警惕。两名大汉使者出击刺杀泥靡，眼看就要得手了，泥靡的儿子细沈瘦及时出现。原来，泥靡信不过刘解忧，早有防备。

被砍伤的泥靡正要问罪刘解忧，刘解忧吓得面无血色。幸而冯嫽反应敏捷，拍案而起，大声呵责两名大汉使者："尔等胆大包天、自作主张，因公主与大昆弥有口角之争便肆意行凶。看似为公主出气，实则陷公主于不仁不义。"

事情发展到这个地步，冯嫽为保全公主性命，唯有忍痛下令斩杀忠心耿耿的使者，以向泥靡赔不是。

冯嫽言已至此，泥靡不好取公主性命，火速逃走了。他把公主围困在赤谷城，冯嫽由于丈夫是右大将得以幸免。

冯嫽分析，经此一遭，公主与泥靡彻底决裂，大汉朝廷也不好直接插手乌孙内政。能不能救出处境艰险的公主，只能靠自己了。

公元前53年，冯嫽正在为如何营救公主而发愁时，发生了一件颇具戏剧性的事情。

泥靡侥幸躲过了刺杀后，在军营中与堂弟乌就屠会合。乌就屠是翁归靡与一名匈奴女子所生的儿子，平日与泥靡关系不错。

他向乌就屠说明遭到刺杀的经过，万没料到，乌就屠忽而起了杀心，趁泥靡不备，将其杀死。

乌就屠刺杀成功后，自立为王。王权更替，引发大规模内乱。

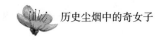

冯嫽趁乱率领西域都护，救出被困的解忧公主，又营救了之前被泥靡圈禁的元贵靡。

据《汉书·西域传》记载，刘解忧恢复自由后，上书朝廷，说明刺杀泥靡的始末，并言明目前乌孙的混乱局势。

汉宣帝自然清楚，只有元贵靡当上乌孙王，大汉与乌孙才能恢复友好邦交。他派出数万精锐，驻守在乌孙边境，以便在有需要时镇压乌孙内乱，助元贵靡登位。

冯嫽对此却有不同的看法，武力确实可以解决问题，但百姓反感战争，事情也并非只能靠武力解决。

据她了解，乌就屠趁乱杀死泥靡，自立为王，但王位不稳。一来，他明目张胆弑兄夺位，为人所不齿；二来，他的部下并不在都城，在朝中也没有强大的权势，大多数大臣不愿服从他的政令。

乌就屠与右大将从前私交很好，冯嫽想通过丈夫与乌就屠谈判一番。她将自己的全盘计划上报解忧公主与朝廷，得到允诺后，孤身一人踏入乌就屠的营帐。

"将军，我是来劝您归降的，因为您这大昆弥之位无名无实。得之，忧大于喜。"冯嫽开门见山。

乌就屠不悦也不解，问冯嫽何出此言。

"大汉数万大军雄踞边境，哪怕将军倾尽全部兵力，也是以卵敌石。但我是大汉的说客，也是长居乌孙的百姓，不愿看到双方血战，黎民百姓受苦。我相信将军刺杀狂王[①]，并非为了夺位，实则是狂王昏庸残酷、治国无方，除之而后快。大汉只要元贵靡即位，恢复与汉友好往来。倘若将军肯归降让位，大汉将封将军为'小昆弥'，一人之下万人之上。不比当这无名无实的'大昆弥'痛快？"冯嫽晓以情理，态度自信谦和。乌就屠心悦诚服，难以抗拒，点头欣然接受。

汉宣帝得知冯嫽不费一兵一卒化解一国内乱，令乌孙国最终归降成为大汉的属国，龙颜大悦，特地下诏命她回长安领赏。

---

① 泥靡，号"狂王"。

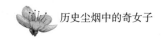

　　阔别长安四十余载，冯嫽回到了魂牵梦萦的故乡。去时，她是陪嫁侍女；回时，她是传奇使节。文武百官出城迎接，京畿百姓不期而集，争相目睹智多星冯夫人的风姿。汉宣帝亲自召见冯嫽，封她为正使。

　　冯嫽成为中国历史上第一位女外交家、出色的政治家，乘驷马锦车，手持汉节，奉旨第二次出使西域，到乌孙都城宣读诏书，立元贵靡为"大昆弥"，乌就屠为"小昆弥"。并为大小昆弥划分地界与子民，大昆弥六万余户，小昆弥四万余户。

　　人生之路风云变幻，公元前51年，元贵靡当了两年乌孙王后，便因病去世了，其子星靡即位。随后，刘解忧的小儿子也病逝了。

　　年近古稀的刘解忧接连丧子，身心俱疲。冯嫽也已是花甲老人，与她恩爱了一辈子的右大将已经先她而去。刘解忧与冯嫽相互扶持，在乌孙度过了大半辈子，早已名为主仆，情同姊妹。两人都因心爱之人离世，愈加思念故土。

刘解忧上书汉宣帝，表达归汉的迫切愿望，希望葬在大汉的土地上。汉宣帝感念刘解忧与冯嫽身居异域为汉室操劳大半生，立下大功，派人将她们一同接回长安。

公元前 49 年，刘解忧在长安静养两年后，安然离世，以公主之仪安葬。

又过了一年，汉宣帝驾崩，其子汉元帝继位。

汉元帝登基不久，西域传来消息称，星靡性情懦弱，致使乌孙内部再起动荡。

70 岁的冯嫽不顾年迈，上书汉元帝，请求出使乌孙，镇抚星靡。冯嫽表示，尽管离开乌孙数年，但她在西域尚有名望和余威，对乌孙也有特殊的感情。乌孙有难，理应尽一份力。

汉廷准奏，选派一百多名士兵，护送冯嫽。

踏着滚滚黄土，前路千里万里，那是冯嫽第三次出使西域，也是冯嫽留在历史上的最后身影。后人对她的结局无从知晓，但她在外交事业上的重大贡献却百世流传。

第七卷

女宰相上官婉儿：聪明绝顶的女诸葛

在中国历史上，有过一段非同寻常的历史，被称作"红妆时代"，多名女子在政坛上闪亮登场，崭露头角。其中极具代表性的人物，便是上官婉儿。

她原是罪臣之女，因聪慧善文被武则天破格提拔。先后辅佐过武则天、李显两代帝皇，后来又得到太平公主的赏识与器重，是聪明绝顶的"女诸葛"。她在政治上一往无前，权倾朝野，成为中国历史上第一位女宰相。在文学文化方面，上官婉儿也当仁不让。她是中国古代四大才女之一，诗歌创作颇丰，具有创新精神，才智俱佳，能同时为皇帝、皇后、公主等五人作诗，并引领一代文风。她扩大书馆，主持风雅，品评诗文，增设学士，为大唐文坛的繁荣作出重要贡献。

上官婉儿的事迹在《资治通鉴》《旧唐书》《新唐书》等史书中都有记载。她的一生波澜壮阔，明明是"巾帼宰相"，其墓志铭却显示她曾是唐高宗和唐中宗两位皇帝的嫔妃，这是为什么呢？

她的故事，从她尚在娘胎起便非同一般……

才华出众，与王共舞

上官婉儿，出生于664年，陇西郡上邽县①人。

相传，上官婉儿快要出生时，母亲郑氏做了一个怪梦。梦里，有一位巨人递给她一把秤，说道："持此称量天下士。"郑氏是笑着醒来的，温柔地抚摸着孕肚，料想腹中孩儿定是一个儿子，长大后定是能称量天下人才的大丈夫。

到了临盆之日，郑氏看到是个女儿，不免失落，顿觉美梦无法成真。但据历史记载，上官婉儿满月那天，郑氏抱着她戏言："你能称量天下士吗？"上官婉儿盯着郑氏的脸，像是听懂了似的，随即发出"呀呀"的声音，仿佛在郑重地回答："能啊！"

---

① 今甘肃省天水市。

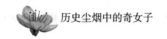

"称量天下士"那天还没到来，风光的上官家族就被灭族了。

上官婉儿的祖父是当朝宰相上官仪。此时唐高宗当政，武则天为皇后。帝后不和，起了纷争，唐高宗有了废后的念头，秘密召见上官仪，令上官仪起草废黜武后的诏书。

但武则天岂是任由摆布的简单女人，她三言两语就说服了唐高宗，二人和好。唐高宗怕武则天怨怒，遂推脱责任，称废后一事是上官仪出的主意。武则天大怒，以"谋反"的罪名，下令处死上官仪。

据《旧唐书》记载，上官仪得罪了武后，其族人也被株连。上官家族凡 15 岁以上的男丁，一律处死。上官婉儿从名门千金变成了罪臣之女，不满周岁的她随同母亲被发配到掖庭宫① 为奴。

郑氏是个品性坚韧的慈母，没有因为已成奴婢而心灰

---

① 唐朝时期，宫女居住和犯罪官僚家属劳动之处。

意懒，放弃栽培女儿。相反，她把教育女儿当作劳苦生活中的一种乐趣，教她读书习字，明辨是非。上官婉儿一天天长大，七八岁时就熟读诗书，能写会画，伶俐聪敏。最让人吃惊的是，她能明达政事，理解通透。

深宫寂寞，新鲜的事情是很容易传开的。而人在深宫，命运也是诡谲难料的。可能一飞冲天，也可能在一瞬间万劫不复。

677 年，武则天从宫人的闲谈中，闻知掖庭宫出了一位聪慧善文的才女。素来爱才的她，召见了年仅 13 岁的上官婉儿。青葱似的人儿，神采飞扬，温婉如玉，这是上官婉儿留给武则天的第一印象。

武则天很满意，据《新唐书》记载，她当场出题考查上官婉儿的才气。

上官婉儿文思敏捷，文章一气呵成，辞藻华丽，立意高远，好像是提前打好了腹稿一样。恐防是巧合，武则天又当面测试第二题。上官婉儿不疾不徐，须臾之间，又呈上了一

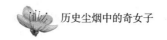

篇无可挑剔的好文章。

"果然才华出众!"武则天大悦,下令免去上官婉儿罪奴的身份,封她为唐高宗的才人,带她走入政局。

按照当时唐朝的女官系统,女官员最高只能晋升到五品。但内官妃嫔系统,最高可以晋升到一品。才人属于五品官职。武则天把上官婉儿的编制安置在内官妃嫔系统,就是看中她实力不凡,绝不应官至五品,值得拥有更高的职位与权力。

所以,仅从职位上看,上官婉儿是唐高宗的妃子,实际上,他们是君臣的关系。

上官婉儿一踏入政坛就懂得察言观色,在政治方面有敏锐的触角。在唐高宗和武则天之间,她内心的天平偏向武则天,主要为武后效力。一方面她是武则天一手提拔的,另一方面她料定武则天不是普通的皇后。武则天在三年前已加号"天后",与唐高宗合称"二圣",未来或许有更大的作为,总之这棵大树不易倾倒。她要乘风而行,与王共舞。

历史证明，上官婉儿的选择没有错。690 年，武则天排除万难后称帝，改国号为周，成为中国历史上唯一的正统女皇帝。

武则天任命上官婉儿担任内舍人，专门记载皇帝的言行。

上官婉儿行事稳重，长袖善舞，得到武则天的器重，后来又让她掌管宫中诏命。武则天颁发的诏敕，大部分都是上官婉儿的手笔。上官婉儿成了女皇跟前的大红人，武则天甚至让她处理百司奏表。

但伴君如伴虎，在民间流传着这样一个故事，武则天处理一起宫廷政变时，在策划政变人员的名单上意外看到了上官婉儿的名字。她勃然大怒："你出自上官家族，本要一世为奴，朕念你才华出众，封你为御前女官，你竟恩将仇报，其罪当诛！"

上官婉儿浅笑以对，坦荡交代："陛下，可曾记得奴婢三次御花园挡驾之事？"

不久前，武则天三次传旨去御花园设宴，起驾前都被上官婉儿以不同的缘由劝阻了。原来，御花园里四面埋伏，只等武则天自投罗网了。上官婉儿是表面参与谋反，获取反贼的信任，方便了解政变动向，暗中保护女皇。

武则天倔强多疑，对上官婉儿的话将信将疑，但杀掉她无疑是砍断自己的左膀右臂。犹豫半晌，武则天对上官婉儿处以黥刑，飞出甲刀在她的额头上刺了一刀。

上官婉儿为了掩盖黥迹，顺势在上面刺了一朵红梅花。容貌不俗的她，配上眉间这朵红梅花，越发娇艳妩媚。《酉阳杂俎》记载："今妇人面饰用花子，起自上官昭容，所制以掩黥迹。"上官婉儿在无意间引领了风尚，宫里宫外的女子都在效仿这种妆容，在额头上贴花钿。时人将这种装扮称为"红梅妆"。

除了引领风尚，这件事更重要的是让上官婉儿长了一记教训。

从此往后，她不再自作主张，倾心侍奉女皇，事事禀奏。她的谨慎与迎合，赢得了武则天的欢心。君臣和谐共处长达 27 年。

开启红妆时代，为社稷死谏

705 年，82 岁的武则天病势沉重，政局不稳，各方意欲夺权的势力蠢蠢欲动。

没过多久，拥护李唐宗室的大臣联动太子李显发动神龙政变，斩杀奸佞，逼女皇退位，复唐国号。

唐中宗李显当上皇帝后，继续令上官婉儿掌管起草诏令。不同于武则天的专横独断和精明强干，李显资质平平、胆小懦弱，所以在唐中宗时代，智慧超常的上官婉儿可以大展政治抱负，拥有实际的决断权。

唐中宗对她十分信服，封她为昭容。跟唐高宗时期一样，上官婉儿名义上是唐中宗的妃子，实际上是唐中宗的臣子。昭容是内官妃嫔系统中的二品官，但在唐中宗统治的时

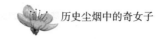

代，内官系统里的一品官一直都是空缺的。换言之，上官婉儿已经坐上了内官的顶级之位。

因为重用上官婉儿，唐中宗不惜为她平反祖父上官仪一案，追赠上官仪为中书令、秦州都督和楚国公。同时，追赠上官婉儿的父亲上官庭芝为黄门侍郎、岐州刺史和天水郡公。封其母郑氏为沛国夫人。

上官婉儿在政治上见解独到，处理政务及时得当。她开启了一个空前绝后的特殊时代——红妆时代。除了上官婉儿，这些人中最著名的有唐中宗的第二任皇后韦皇后、唐中宗的女儿安乐公主和唐中宗的妹妹太平公主。

上官婉儿权势日盛，她是唐中宗的"女诸葛"，决断群臣奏章，参与军国谋略，掌管杀生大权，地位显耀，有"巾帼宰相"之名。她不住在后宫，在宫外有私家大宅，那是唐中宗专门派人建造的，奢华富丽。

上官婉儿有着宰相的实际权力，是中国历史上第一位女宰相。官员们经常出入上官婉儿的私宅，与她交流政务。

上官婉儿是权力斗争中的清醒者，权力的强盛没有让她在政治上变得钝感，自鸣得意。她敏锐地觉察到韦皇后和安乐公主在唐中宗的心中有很重的分量，而且韦皇后喜好权政，野心外露。韦皇后的性情，以及她与唐中宗的关系，无不令上官婉儿联想到武则天与唐高宗。韦皇后或许真的会成为第二位女皇，为今后铺路，上官婉儿收敛锋芒，放低姿态，与韦皇后和安乐公主友好交往。

韦皇后如她料想的那般，权势日益盛大，风头一度盖过唐中宗。

但很快，上官婉儿就看清了韦皇后的面目。她野心有余，能力不足，绝不能与武则天相提并论。韦皇后为了壮大自己的韦氏集团，残害忠良，重用奸臣，祸乱朝廷，纵容安乐公主卖官受贿、奢靡无度。偏是唐中宗性格软弱，宠爱韦后与安乐公主，对她们的胡非作歹放任不管。

上官婉儿隐隐觉得不安。

根据史料记载，一日，上官婉儿在处理政务时，突发头

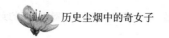

痛，窗外有只鸟儿"啊啊"地叫了两声，把她吓了一跳。上官婉儿双眉轻蹙，叹了口气，对跟前的女婢说："我料感有大事要发生。"女婢安慰她，公事繁忙，身心太累而已。

707年7月，太子李重俊终于按捺不住了，他感受到了韦氏集团对他的恶意和威胁，决定发动政变。李重俊领兵杀死韦皇后重用的奸臣十余人，再冲去搜捕上官婉儿。

上官婉儿在政坛沉浸多年，早有预备，急忙抄小道逃跑。在逃跑之时，她想通了太子的意图——李重俊虽贵为太子，但唐中宗更重视韦皇后和安乐公主，韦皇后想效仿武则天称帝，必然会铲除身为太子的他。既如此，倒不如先下手为强，将与韦皇后关系紧密的人通通除掉，早日登基。

上官婉儿想通这件事后，直奔唐中宗和韦皇后处，揭发太子弑君弑后的意图。唐中宗震怒，带着韦皇后和上官婉儿到玄武门避险，派出飞骑两千人捉拿逆子。李重俊棋差一着，兵败被杀。

劫后余生的上官婉儿认清了当前的局势，了解到韦皇后权力越大，树敌越多。为了不被牵连，她开始与韦氏集团保持距离，并多次对唐中宗旁敲侧击，不要纵容韦后母女，断送大唐江山。很多机要大事，唐中宗都听从上官婉儿的判断，唯独这件事情，他全当耳边风。

安乐公主恃宠而骄，作威作福，还请求唐中宗立她为皇太女，将来继承皇位。

据上官婉儿的墓志铭记载，为了社稷着想，上官婉儿先后四次秘密向唐中宗进谏，反对立安乐公主为皇太女。她先是检举揭发，继而辞官不做，接着削发为尼，但唐中宗都不为所动。直到上官婉儿喝下毒药死谏，唐中宗才放弃立安乐公主为皇太女，命太医紧急救回上官婉儿的性命。

引领一代文风，称量天下士

经过死谏一事，唐中宗与上官婉儿的君臣关系更进一步。解决了这一政坛危机，上官婉儿也可以暂且安心读书写

诗，发展国家文化事业。

她爱书，藏书万余卷，以香薰之。

传说，上官婉儿喜欢在花前月下读书，伴着玉簪花的淡香，品味诗词妙句。偶尔灵感随花香袭来，挥动妙手，赋诗写文，自得其趣。一首《彩书怨》："叶下洞庭初，思君万里余。露浓香被冷，月落锦屏虚。欲奏江南曲，贪封蓟北书。书中无别意，惟怅久离居。"便奠定了她作诗高手的地位，它摆脱了宫廷诗情感贫乏的弊端，绵长深情，高浑清雅。

在诗歌创作方面，上官婉儿继承了上官仪创作的"上官体"，注重形式技巧和声辞之美。但她又对原来的"上官体"的抒情特征进行了创新与改进，并超越了此前所有宫廷诗歌的格调气度。她创作了大量诗歌，将新型"上官体"阐扬光大，成为当时诗歌的创作主流，引领一代文风，让大唐的诗歌向前迈进了一大步。

此外，在开拓诗歌题材方面，上官婉儿也做出了贡献。她开拓了园林山水诗的题材，寓情于景，笔气舒爽。

上官婉儿才思敏捷，唐中宗摆宴游乐时，常请她赋诗唱和。她能同时替皇帝、皇后、公主等五人作诗。一般诗人越写到后面越觉得词穷难写，水平会有所下降，但上官婉儿数首并作，越写越好。诗句优美，意境妙绝，被时人传诵。

唐中宗看着上官婉儿的佳作，拊掌称好。上官婉儿趁圣上大喜，提议扩大书馆，设立修文馆，广召当朝词学之臣。唐中宗一一准许。

上官婉儿积极主持风雅，开展文化活动。唐中宗令其品评天下诗文，选拔人才。直到这时，郑氏的胎梦终于应验了，上官婉儿当真做到了"称量天下士"！她造就了文坛的繁荣，提升了诗歌艺术水平。

文化的繁荣却无法掩盖政局的混乱动荡。

唐中宗懦弱胆怯，韦皇后有恃无恐。710年，比韦皇后更像武则天的太平公主势力日盛。

这一年，唐中宗突然驾崩。

唐中宗的离世令人猝不及防，他没有立下太子，也没有

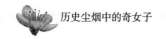

留下遗诏。在这特殊的时刻，上官婉儿与太平公主协商，起草了一份遗诏，立唐中宗的第四子李重茂为太子，韦皇后为皇太后摄政，并由唐中宗的弟弟李旦辅政，平衡各方势力，稳住朝政。

然而，猖獗的韦氏集团篡改了这份遗诏。韦皇后想当第二个"武则天"，她在台阁政职、兵马大权、中央禁军等方面都安插了自己的党羽，掌控朝政大权。

太平公主和李旦作为李唐家族的人，均不能容忍李唐江山落入旁姓手中。太平公主与侄子即李旦的儿子临淄王李隆基商量对策，与其等韦氏来灭族时再反击，不如先发制人。

一个月后，李隆基和太平公主共同发动唐隆政变，率禁军攻入皇宫，杀死韦皇后与安乐公主，将整个韦氏集团连根拔起。

当李隆基杀入宫中时，胸有成竹的上官婉儿执烛迎接。据《资治通鉴》记载，上官婉儿曾与韦皇后频繁来往，为了证明自己是支持李唐宗室的，拿出了同太平公主一块草拟的遗诏，交与大臣刘幽求。

刘幽求和李隆基交好，深得李隆基信任。他看过遗诏后，了解了上官婉儿的立场，替她求李隆基开恩。

李隆基却不许："此婢妖媚，今日不诛，后悔无及。"斩杀上官婉儿于旗下。

这是聪明一世的上官婉儿没有想到的事，她就这么突兀地走到了人生终点，终年46岁。

上官婉儿的死讯传出后，太平公主震惊、愤怒、哀伤，出资为她风光大葬。

712年，李隆基登上帝位。太平公主大势已去，仍对上官婉儿这位大唐才女念念不忘，惋惜嗟叹，上表请求将上官婉儿的诗作编集成册，流传万世。

李隆基准奏，虽剑斩上官婉儿，但对她的文学造诣心悦诚服，承认她是一代旷世才女，派人收集整理她的诗作。

上官婉儿是个高产诗人，作品被编成《唐昭容上官氏文集》，全书共20卷。千百年流转间，这本文集已不见了踪

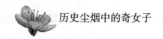

影，与上官婉儿的姿容一起留在漫漫历史长河。后人只能在《全唐诗》里，看到上官婉儿的 32 首诗，片面了解佳人的才华与一身诗意。而上官婉儿用香薰过的万卷藏书，据说百年之后散落民间，书卷依然没有虫蛀，且幽香四溢。

第八卷

三朝太后娄昭君：高亢明爽的政治家

魏晋南北朝，中国历史上政权更迭最频繁的时期，三十多个大小王朝交替兴灭。出现了不少女政治家，多位太后临朝听政。其中，北齐就有一位非常著名的太后娄昭君。

年轻时，娄昭君辅佐丈夫成为渤海王。她生下六男和二女，三个儿子成为皇帝，一个儿子追封为皇帝，两个儿子被封王，两个女儿都是皇后。

三个儿子先后登上帝位，她成为了三朝太后。在政治方面，娄昭君果敢智高，深谋远虑，是高亢明爽的政治家，多年来挥斥方遒，指点江山，维持朝堂政局的稳定。她的故事，被记载在《北齐书》《北史》《新唐书》等。

娄昭君出身高贵，生活无忧，却在婚后相当长的岁月里过着清贫艰苦、颠沛流离的生活。因为，在适婚的年纪，她拒绝了所有豪门大族的提亲，一眼相中在城上服役的一名小兵……

下嫁小兵，助夫成王

娄昭君，出生于 501 年，鲜卑族，代郡平城[①]人。

她是北魏真定侯娄提的孙女，身份高贵。"娄家富贵荣华，家僮千数，牛马以谷量。"在战争年代，马是重要物资，这是贵族大户人家的标志之一。

娄昭君从小聪明冷静，富有主见。到了适婚年龄出落得端庄秀丽，很多名门大族先后来提亲，但都被她拒绝了。父母问她究竟想要什么样的夫婿，她又含笑不语。

直到有一天，娄昭君和婢女外出时，看到了在城上服役的小兵高欢，一见倾心，"此人才是我的丈夫。"据正史记载，高欢目有精光，长头高颧，齿白如玉，少有人杰表。

---

① 今山西省大同市。

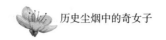

此时的高欢除了长相出众，身无长物。娄昭君却从他身上看到了帝王将相的不凡气度，派婢女向高欢言明心意，非他不嫁。高欢遥看佳人，同样爱上了美丽大方的娄昭君。

古代联姻尤其注重门当户对，高欢的先辈也曾在朝为官，但到他祖父那一辈便家道中落了。高欢的母亲早逝，父亲碌碌无为，家贫如洗。娄昭君的父母坚决反对女儿嫁给高欢，简直是一出笑话。

娄昭君向来有主见，非要下嫁小兵。父母没了办法，试图通过天价聘礼吓退高欢，达到棒打鸳鸯的目的。不料，娄昭君私下多次给高欢赠送财物，凑足了娄家开出的聘礼数目。父母不得已，只好同意他们成亲。

娄昭君嫁妆丰厚，二人结婚后，高欢的生活得以改善。依照当时的规定，只要有了马匹，就能在边镇队伍中当队主。娄昭君的嫁妆里有不少马匹，她辅助夫君当上队主，进行人生中第一次身份的转变。同时，她提醒丈夫，若想成就一番事业，应广散家财，广结豪客，壮大队伍力量。

不久，北魏边将贪污腐败，北方六镇经历天灾人祸后，爆发"六镇起义"，反抗北魏王朝统治，天下大乱。高欢想趁乱打下一片天地，征求娄昭君的意见。娄昭君赞同高欢的做法，建议他先投靠势力较强的诸侯，日后再伺机而动，自成一方霸主。她有信心助夫成王。

高欢思量一番后，领着队伍投奔河北起义军首领杜洛周。

在杜洛周的起义军崛起后，葛荣、万俟丑奴、尔朱荣等人也组建起庞大的军队，枭雄并起。也是在这时，娄昭君看出了杜洛周的弱点，他没有领导才能，缺乏开拓进取的精神，对属下态度糟糕，兵卒们的待遇也不好。高欢跟着他不会有太大的作为。娄昭君心生一计，劝说高欢领兵推翻杜洛周，统领整支起义军。

对于刺杀首领，高欢没有经验，也没有把握，难免畏惧。娄昭君却已为他想好了退路，一旦计划失败，可以投靠葛荣。

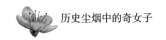

高欢没了后顾之忧，精心策划刺杀杜洛周的方式和路线，但最终还是失败了。他便按照娄昭君事先安排的计划，投奔葛荣的军队。

葛荣与高欢有着相似的经历，原本也只是怀朔镇上的一名小兵，两人相见恨晚，酒逢知己千杯少。

高欢以为，这下可以跟着葛荣干一番成就了。但没过多久，娄昭君看出葛荣狂妄自大，成不了气候。她分析各路起义军的特点，最后认准尔朱荣的军队最具实力。

在娄昭君的提议下，高欢又离开了葛荣，投向尔朱荣。

尔朱荣不像葛荣那般欢迎高欢，得知他三易其主，反而瞧不起他。高欢没有得到重用，致使一家人生活清苦。娄昭君无怨无悔，相信有朝一日，高欢的才能会被首领看到。

一天，尔朱荣与高欢在马厩外谈话。马厩中一匹烈马突然躁动起来。高欢毫不犹豫地冲了进去，一下子就把烈马制伏了，冲着尔朱荣笑道："对付恶敌，也得用这样的方式。"尔朱荣顿时觉得高欢有血性、有冲劲，试探性地问他对接下来的军事行为有何想法。

高欢直言，朝廷腐败，尔朱荣的军队实力雄厚，不妨打出"清君侧"的旗号，直捣黄龙。尔朱荣大为高兴，把高欢请入帐中，详细谈论具体方案与策略。一夜过后，尔朱荣已看出高欢乃人中龙凤，公开表示，有一天他若离世，唯有高欢能替代他统领全军。

在高欢的计谋与军力支持下，尔朱荣一步步在作战中取得胜利，将北魏奸臣贼子消灭，拥立孝庄帝，成为北魏朝廷的实际掌权人。尔朱荣还强迫孝庄帝立他女儿为皇后，好进一步控制孝庄帝。

高欢献计领兵有功，获得封赏，跻身贵族之列，扬眉吐气。

过了一段太平的日子后，高欢觉察到尔朱荣与孝庄帝的分歧变大，劝告尔朱荣废黜孝庄帝，取而代之，免得被反咬一口。这回，尔朱荣并不听从高欢的建议，认为尔朱氏一族称帝的时机未到，孝庄帝也没实力和胆量反抗他。

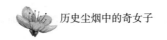

谁知，孝庄帝以尔朱皇后产子为由，召尔朱荣入殿，趁其不备，刺死宫中。

尔朱荣一死，娄昭君就对高欢说道："夫君为王的机会到来了。"高欢不解其意，尔朱荣说过他若离世，高欢可替代他的位置，但毕竟没有正式传位文书。所以，尔朱荣的侄子尔朱兆继承了他的权力。娄昭君却说，尔朱兆一介莽夫，不足为虑。

为了给尔朱荣报仇，重新控制北魏，尔朱兆领兵攻打孝庄帝。孝庄帝不敌尔朱兆，被俘虏缢杀。高欢则趁尔朱兆疲于作战，领兵夺权。经过激烈的对抗，高欢大败尔朱兆，推翻尔朱氏集团。重权在握的高欢，拥立孝武帝后，成为当朝丞相，被封渤海王。

高欢效仿尔朱荣，把长女嫁给北魏皇帝当皇后，强化对北魏政权的掌控。

也像当初尔朱荣与孝庄帝那般，不多时，高欢与孝武帝也决裂了。孝武帝投奔宇文泰的军队，后来又与宇文泰割裂，被宇文泰所杀。于是，高欢与宇文泰各自行动，北魏被分裂成东魏与西魏两个政权。高欢在邺城拥立孝静帝，为东魏，并将次女许配给孝静帝当皇后；宇文泰在长安立元宝炬为皇帝，为西魏。高欢和宇文泰分别是东魏与西魏的实际掌权人。

怀孕梦龙，次子登位

与东魏、西魏同时存在的还有多个王朝，每个政权都对他国领土虎视眈眈。高欢忙于征战，无暇顾及家中琐事。娄昭君一人扛起所有，把家室打理得井井有条，不给高欢添麻烦，倒经常给他提供政治上的主意。

537 年，沙苑之战爆发之前，高欢率军出征，娄昭君临盆。到了半夜，娄昭君生下孩子后大出血，命在旦夕。侍从请娄昭君下令速速追回高欢。娄昭君气若游丝，但坚决不同意："大王统领大军打仗，不该轻易离开军帐。生死有命，我

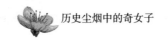

若命丧于此，大王回来也无补于事。我若命不该绝，大王又何必回来，反而令军心大乱。"

若干日后，高欢回来，看到娄昭君怀中的新生儿，听下属还原生产经过，感慨良久。他对妻子的深明大义深感佩服，许诺此生不负爱妻。

至此，娄昭君一共生下了六个儿子和两个女儿。相传，娄昭君每次怀孕时都会做特别的梦。怀儿子高澄时，梦见了一条断开的龙；怀儿子高洋时，梦见一条头尾连接天地的大龙；怀儿子高演时，梦见蠕龙伏于地上；怀儿子高湛时，梦见一条龙在大海中游浴；怀儿子高淯、高济时，则梦见有老鼠钻入衣服。怀两个女儿时，她都梦见了月亮进入怀内。

曾有术士给娄昭君解梦，说这些梦境均是大喜之兆。梦到龙，表示她那四个儿子都会成为一朝天子；梦到老鼠，说明她有两个儿子将来会被封王；梦到月亮入怀，预示着她的两个女儿将来母仪天下。

如今，两个女儿先后成为皇后，已验证了部分梦境。

可成龙称帝之路，却格外遥远和艰难。

高欢在沙苑之战再次败给了宇文泰，损失惨重。高欢沮丧之际，手下重要将领侯景上前请命，只需借他两万精锐兵马，定能大败宇文泰，一雪前耻。

高欢心情振奋，特来请示娄昭君。娄昭君当场提点他：其一，侯景不是宇文泰的对手，前去一战，没有生还的可能；其二，不可百分之百信任侯景，只怕此番借兵会有借无还，利用精锐军队伺机造反。无论是哪种可能，目前的东魏都承受不住了。

高欢听从了娄昭君的劝阻，停止借兵。之后，侯景果然叛变逃逸。

娄昭君有功，高欢准备赏赐娄家人加官晋爵。娄昭君就替弟弟娄昭索要了官爵。其余亲人听闻此事，都来请娄昭君替他们美言，谋求一官半职。娄昭君愤而起身，"娄昭立下过战功，应得此位，其余人免谈。朝廷当重用有才之人，任人唯亲是以私害公。"娄家人噤若寒蝉，娄昭君也因此得了

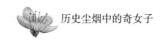

刚正不阿的美名。

战乱频繁，损兵折将。为了与周遭国家友好往来，减少战争冲突，高欢不得不接受政治联姻，娶回多位姬妾。娄昭君主管后院，处事大度果断，对事不对人，对所有姬妾都以礼相待。

据史料记载，有一日，高家收到一批礼品，娄昭君命婢女把礼品多分给姬妾，自己只留下一两件。婢女不明白她为何从不争风吃醋，还待姬妾们这般好。

娄昭君莞尔一笑，说后院也是战场，亦是政坛，她对姬妾好，就是对她们背后的政治权势示好，家宁则国安。退一步说，这些姬妾何尝不是可怜人？她们是联姻的工具，是命运不能自主的女人。她不但要对姬妾们好，还要友好对待她们生下的孩子。

娄昭君性情宽厚，看得远想得深，后院安宁，鲜有矛盾发生。

后院没有起火，前线却频频告急。

掌管西魏的宇文泰实力并不如高欢，但他谨慎作战，注重谋略，时常以寡胜多，让高欢吃了不少苦头。另外，柔然汗国军力强盛，西魏与其通和，企图共同合作征伐东魏。

高欢收到消息后，忙派使者出使柔然，替长子高澄求娶柔然公主，表达两方交好的意愿。阿那瑰可汗有所顾虑，高欢有众多儿子，高澄未必能继承他的王位，说道："高王自娶则可。"

阿那瑰坚持把女儿蠕蠕公主嫁与高欢，高欢骇然，他已经49岁了，蠕蠕公主才15岁，年龄差距巨大。况且，蠕蠕公主不可能做妾，只能当正室，他该如何面对发妻娄昭君呢？

高欢左右为难，犹豫不决。娄昭君得到消息后，大义凛然地向高欢进言："为国家打算，不要迟疑。"她主动让出正室之位，腾出正房给蠕蠕公主居住。

娄昭君能为国家利益如此让步，高欢自愧不如。据史料记载，高欢长年在外征战，此时身体很不好，曾对身边的人

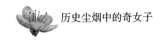

说，发妻强于儿子们，有她把持朝政，可保平安。

迎娶蠕蠕公主两年后，高欢就在病痛中离世了。

高欢生前已为称帝打下了坚实的基础，长子高澄继承渤海王之位后，便开始周密地进行夺取帝位的计划。

出乎意料的是，高澄还没来得及称帝，突然被家中的膳奴杀死了，年仅 28 岁。

事已至此，娄昭君唯有匆忙将 23 岁的次子高洋扶上王位，稳住局面。高洋年轻，性子急，刚当上渤海王，便想一步登天，直接登基称帝。娄昭君失望暴怒："父如龙，兄似猛虎，尚且不敢直取帝位。你初登王位，无任何建树，就妄想称帝，不知利害深浅！"娄昭君给他分析当今局势，西有西魏，北有柔然，南有梁朝。倘若高洋逼迫东魏皇帝禅让帝位，西魏劲敌宇文泰定会以维护正统之名，起兵讨伐高氏，柔然和梁朝未必不会趁火打劫。她不希望高氏冒险称帝，腹背受敌，自取灭亡。

高洋一心只想称帝，觉得母亲是妇人之仁。他召见所有高氏贵胄，告知受禅意图。可所有人眼看娄昭君满脸不悦，全部沉默不语。娄昭君在高氏大族里，威望极高。两位重臣率先打破沉默，称依从娄昭君旨意，反对称帝计划。高洋不甘心，又去询问高欢旧部的意见，但他们均认同娄昭君的看法。就连高洋身边的臣子，都对娄昭君信服有加，劝他三思而行。高洋无可奈何，只得暂时取消篡位行动。

550 年，仅过了一年，高洋已经急不可耐，不与娄昭君商量，逼孝静帝禅位，建立北齐，史称文宣帝。他追封父亲高欢为献武皇帝，追封兄长高澄为文襄帝，封弟弟高演为常山王、高湛为长广王、高淯为襄城王、高济为博陵王。

次子登位，长子被追封为皇帝，娄昭君成为北齐太后，她怀孕梦龙的预兆实现了。

不出所料，宇文泰听到高洋篡位，立即率军东征。

许是天佑北齐，戏剧性的事情发生了，出征途中，忽然天降暴雨，宇文泰的许多军马死于路上，失去战机。

三朝太后，把持政局

高洋上位后，自傲自大，娄昭君规劝教诲多次无果。他还嗜酒乱性，逼奸高欢的姬妾和高澄的妻子，与娄昭君矛盾渐深。

高洋不想像兄长高澄那样，去世后由弟弟继位。他要把帝位传给自己的子子孙孙，登基不久便将年方 6 岁的儿子高殷立为皇太子。以防弟弟们篡位，高洋先后杀掉高浚与高涣。两人都是高欢与姬妾所生的儿子，具有雄才大略。

接下来，高洋又把屠刀伸向自己的亲弟弟高演。高演是娄昭君的第三个儿子，自幼才智超群，是高洋眼中最大的威胁。

他借酒闹事，把高演抓起来。好在娄昭君及时出面护住儿子，高演方才躲过一劫。

559 年，高洋因饮酒过度暴毙，年仅 33 岁。太子高殷遵照遗诏即位，他的母亲李祖娥为皇太后，祖母娄昭君为太皇太后。

高殷亲近权臣杨愔、燕子献等人，疏远皇族。杨愔和燕子献还向新帝进谏："处太皇太后于北宫，政归皇太后。"他们希望新帝能完全摆脱娄昭君的控制。

娄昭君参政多年，不可能任人发落。对手尚未出手，她已鼓动儿子高演和高湛发动"乾明之变"，处死杨愔等人，废黜高殷，降封为济南王，改立才能出众的高演为帝。娄昭君再次成为皇太后。

高演没有令娄昭君失望，在位期间留心政事，御驾亲征，任人唯贤，关心民生，被誉为"北齐唯一的明君"。

高演最大的错误，大概就是锤杀高殷了。娄昭君向来渴望家族后代和睦共处，拥立高演称帝时，便要他确保高殷一世太平。但高演太害怕了，他体弱多病，不是长寿之兆，儿子年幼，斗不过高殷。万一有一天高殷复辟了，高演的孩子很可能会被冠上乱臣贼子的身份，死于刀下。因此，他冒着得罪娄昭君的风险，命人处决高殷。

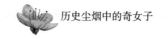
随着高演病情加重，弟弟高湛的势力壮大。群臣请立太子，高湛却希望高演立他为皇太弟，他日继承大统。高演忌惮弟弟的权势，谦让不立太子。群臣再次上书请愿，并声称皇太后有令，立高百年为皇太子。原来，娄昭君早就看出了高湛的野心，又觉得他并无帝王之才。高演的嫡子高百年虽年幼，但聪明机警，值得栽培。

自从高欢去世后，朝中大事多由娄昭君掌管。迫于母亲的压力，高演唯有立高百年为太子。此事惹怒了高湛。

561 年，高演病逝，在位仅一年多的时间，终年 26 岁。

临终前，他再次忤逆母亲，写下遗诏，传位给皇弟高湛。原因很简单，高洋传位儿子高殷，导致高殷被高演所杀。高演为了不让儿子高百年重复高殷的命运，被自己的叔叔杀害，干脆直接传位给高湛。遗诏里附有高演的亲笔信，他恳请高湛："百年无罪，勿学前人。"

至此，娄昭君成为把持政局的三朝太后。从东魏到北齐，娄昭君致力于维护朝野安稳，在她的努力下，朝政没有严重失控的时候。

但这位高亢明爽的政治家老了，562 年春天，娄昭君因病去世，享年 61 岁。

她没有看错高演，也同样没有看错高湛。高湛登基后，沉湎声色，荒淫无度。母亲死后，也不挂孝，像平常那样身穿红袍。女儿为他送来白衣，他当场怒扔白袍。臣子劝他停止奏乐，他下令鞭打大臣。

当日高演传位给弟弟，就是为了避免儿子被杀。

可是，高湛绝情无义。564 年 5 月，高湛借故用刀镮痛打高百年。气之将尽，8 岁的高百年乞求高湛饶命，称"愿与阿叔作奴"。高湛还是不放过他，将他活活打死，亲自督看下人埋葬高百年的尸首。

没有了太后分管政权，也没有了侄子夺位的可能，高湛可以大展拳脚了。但缺少了娄昭君的辅佐和支持，北齐朝廷很快就深陷在各种内斗矛盾之中。

577 年，北齐内斗不断，政治混乱，宇文泰的后代趁势

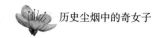

攻打，北齐就此灭亡。

北齐享国 27 年，历代皇帝共 6 位。每一位都被人诟病，作为三朝太后的娄昭君却一直被后人称颂。她慧眼识人，善用权谋，在政坛上有着不可撼动的地位。

第九卷

女校书郎薛涛：沉稳大气的大唐才女

在古代，许多官职都只由男性担任，难有女性的一席之地。"校书郎"是一个门槛很高的职位，负责撰写公文、典校藏书。历史上从未有女子担任校书郎，直到中唐时期，薛涛出现。

薛涛命运不济，事业坎坷，情路曲折，但她文才出众，沉稳大气，艰难地从一名地位卑微的歌伎，蜕变成唐朝著名诗人、女校书郎。她诗才了得，与李冶、鱼玄机、刘采春并称为"唐代四大女诗人"，有九十多首诗作收录于《锦江集》，流传千年。她擅长书法，才华横溢，是赫赫有名的大唐才女，与卓文君、花蕊夫人、黄娥并称为"蜀中四大才女"。

人到中年，薛涛卸下校书郎之职，不与官场人士费力纠缠，却惨遭情郎始乱终弃。她沉下心来，写诗读书，发明用以写诗的小彩笺"薛涛笺"，一时洛阳纸贵，攒下大笔钱财后，隐居成都郊外。

薛涛的事迹被记载在《唐才子传》《天工开物》《槁简赘笔》，以及一些民间典籍、传说中。而她崎岖的人生，从8岁那年起便初见端倪……

文才超群，成为女校书郎

薛涛，出生于 768 年，父亲薛郧在大唐都城长安为官，长安便成了她的出生地。

薛郧学识渊博，温文儒雅，薛涛是他唯一的女儿，很是受宠。薛涛自幼聪明，勤读诗书，8 岁能赋诗，通晓音律。

夏日的午后，薛涛陪父亲躺在庭院梧桐树下的竹床上纳凉。据《槁简赘笔》记载，薛郧偶有所悟，捻着胡子吟诵出两句诗来："庭除一古桐，耸干入云中。"薛涛听得仔细，却不晓得薛郧想不出下句，问道："好诗！父亲为何不接着往下念？"

薛郧笑了笑，反问道："你能续写这首诗吗？"薛涛摇着小扇子，眼珠子一转，开口续道："枝迎南北鸟，叶送往来风。"

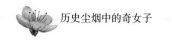

薛涛才思泉涌，续得太妙，薛郧听完，又喜又忧。他为女儿年仅 8 岁就有如此才华，由衷地感到喜悦。但自古以来，才华太盛者福浅，女子尤甚，且诗中提及"迎来送往"，那不是风尘女子的做派吗？他又为女儿的前途命运感到忧虑。薛涛正值天真无邪的年纪，不懂父亲复杂的心思，续完诗蹦蹦跳跳地玩耍去了。

薛郧是一位直臣，没过多久就因正直谏言得罪了当朝权贵，受到排挤和打压，被贬到蜀地。薛涛随父亲颠沛流离，长居成都府。薛郧被贬后，难有建功立业的机会，闷闷不乐。

782 年，薛郧奉命出使南诏国，结果一去不返。他在南诏国意外感染瘴疠，客死他国。

薛郧的离世，令妻女的生活发生巨变。薛涛年方 14 岁，尚未经历过重大挫折。而她的母亲比她更为娇弱，没有主见，终日忧郁愁苦，哭哭啼啼。

薛涛强迫自己强大起来，年纪轻轻就充当家庭的主心骨，照顾母亲的起居饮食，安抚母亲的情绪。

可薛涛也会有情绪，也会因想念亡父悄然落泪。她将所有抑郁忧愁付诸笔端，碾落成诗。薛涛勤加练习，诗才渐盛，15 岁便诗名在外。

由于薛郧生前是忠直清廉的臣子，没留下丰厚的遗产，薛夫人的嫁妆总有卖光的一天。软弱的薛夫人又无做工收入。薛郧去世一年多，勤俭节约的母女俩生活陷入了困境。

再这样下去，只出不进，薛涛与母亲都得饿死，薛涛决意改变现状。母亲体弱胆怯，无法做工。她作为薛家掌上明珠，从小也过惯了衣食无忧的生活，肩不能挑担，手不能提篮，能干什么营生呢？

16 岁的薛涛面容姣好，肤若凝脂，最擅长的事就是写诗弹琴。思来想去，她觉得自己只有一条出路，加入乐籍，当歌伎养家糊口。

785 年，中书令韦皋到蜀地出任西川节度使。在一次酒宴上，韦皋令人请来一些歌伎弹唱助兴，其中就有薛涛。

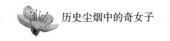

　　那时的薛涛因才气过人，在歌伎之中已颇有名气。韦皋喜爱诗歌、书法，命薛涛当场作诗一首。薛涛提笔略微思索，写下这首《谒巫山庙》："乱猿啼处访高唐，路入烟霞草木香。山色未能忘宋玉，水声犹是哭襄王。朝朝夜夜阳台下，为雨为云楚国亡。惆怅庙前多少柳，春来空斗画眉长。"诗中引用典故，对仗工整，景物描写恰到好处，意蕴无穷，令人拍案叫绝。韦皋赞叹道："若非亲眼所见，难以相信此诗出自一位小女子之手。"

　　有了韦皋的捧场，薛涛人气大涨。往后，在当地官员府中的盛宴上，都能看到薛涛曼妙的身影。

　　韦皋与薛涛接触的时间长了，发觉薛涛不但富有诗才，在书法方面也造诣颇高。薛涛最擅长写行书，风格上受到王羲之书风的影响。她的行书笔势跌宕，洒脱秀逸，行笔自由流畅，字体清秀轻盈。韦皋欣赏她的书法，多次夸她花容月貌，文才超群，委身当歌伎未免太可惜。

　　薛涛聪敏，不会不知道韦皋会成为自己的贵人，有机会助她改变命运。于是，她在韦皋面前极力施展才华，态度恭敬谦卑，使韦皋甚感满意。

有一天，韦皋在审阅属下为他写的一篇公文时，蹙眉不悦，表示把这样的公文呈给上级，必会遭到批评，贻笑大方。想起薛涛文才非凡，他就让薛涛试写一篇。薛涛未曾令他失望，她写的公文严谨有序，不见纰漏，且富于文采，字迹清丽。

韦皋开眉展眼，满意至极。那以后，韦皋开始招用薛涛参与一些案牍工作。薛涛的身份得以提高，不再被人轻视。

薛涛珍惜这个好机会，工作认真努力。

她赢得了韦皋的重视，一日，韦皋看着她所撰写的一篇文章，突然感慨起来，认为让薛涛参与基本的文案工作还是大材小用了。韦皋惜才，上书朝廷，为薛涛申请"校书郎"的官职。

此事轰动一时，校书郎虽是区区九品官员，但工作门槛很高，受人尊敬。主要负责撰写公文、典校藏书等。按照当

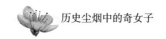

时的规定，进士出身的人方有资格担任校书郎。历史上从未有女性担任过校书郎，何况薛涛还是一名乐籍女子。

但在韦皋的大力举荐下，朝廷方面也认可了薛涛的文才，破例任命她为校书郎。薛涛就此成为中国历史上第一位也是唯一一位女校书郎！只是格于成例，不能授予她官衔，但她能拥有实质性的工作与酬劳。

薛涛有了全新的身份，无论走到哪里，人们都称她为"女校书"。

写下《十离诗》，做清醒的"孔雀"

有了校书郎身份的加持，薛涛在蜀地大红大紫。

那是她人生中最光芒四射的时期，以为永远走出泥淖，晦暗的日子不会重现。

她还是太年轻，把官场上的事情想得太简单。

薛涛恃才而骄，把许多人不放在眼里。鉴于薛涛的影响力，各地官员来到成都府述职时，都向她赠送珠宝、丝帛或钱财。她一开始会婉拒，但奉承的声音听得多了，便觉得理所应当了。慢慢地，这竟成了惯例。

薛涛的生活早就有了好转，锦衣玉食。她有虚荣心，却并不贪财，将收到的财物尽数上交给韦皋。

殊不知，韦皋相当生气，警告她不能再这样做。薛涛不解其意，以为韦皋怀疑她私吞了部分礼品。之后再有官员给她送礼时，她特地交代下人向韦皋汇报，礼品已全数在此。

韦皋拍案而起，雷霆震怒："我非贪官，女校书这般做法，是在败坏我的名声。"薛涛这才意识到事情的严重性，但为时晚矣。

789年，韦皋为了惩罚薛涛，把21岁的她贬到边疆松州当歌伎。那里荒凉寒苦，战事不断，薛涛还得赔着笑脸到军营给将士们弹唱。

薛涛过了一段最为艰辛屈辱的时光，受尽百般滋味。

她必须想办法回到成都府，找回属于她的一切。不然，

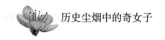

她生不如死。

在这种困顿艰难的情况下，薛涛流着泪写下著名的《十离诗》。其一，《犬离主》："驯扰朱门四五年，毛香足净主人怜。无端咬着亲情客，不得红丝毯上眠。"其二，《笔离手》："越管宣毫始称情，红笺纸上撒花琼。都缘用久锋头尽，不得羲之手里擎。"其三，《马离厩》："雪耳红毛浅碧蹄，追风曾到日东西。为惊玉貌郎君坠，不得华轩更一嘶。"其四，《鹦鹉离笼》："陇西独处一孤身，飞去飞来上锦裀。都缘出语无方便，不得笼中更换人。"其五，《燕离巢》："出入朱门未忍抛，主人常爱语交交。衔泥秽污珊瑚枕，不得梁间更垒巢。"其六，《珠离掌》："皎洁圆明内外通，清光似照水晶宫。只缘一点玷相秽，不得终宵在掌中。"其七，《鱼离池》："跳跃深池四五秋，常摇朱尾弄纶钩。无端摆断芙蓉朵，不得清波更一游。"其八，《鹰离鞲》："爪利如锋眼似铃，平原捉兔称高情。无端窜向青云外，不得君王臂上擎。"其九，《竹离亭》："蓊郁新栽四五行，常将劲节负秋霜。为缘春笋钻墙破，不得垂阴覆玉堂。"其十，《镜离台》："铸泻黄金镜始开，初生三五月徘徊。为遭无限尘蒙蔽，不得华堂上玉台。"

在这一组十首诗中，薛涛描写了大量生活里的东西，体现出她细致入微的观察力，付诸笔端后便凝聚成了她的才情。更为重要的是，薛涛在诗里如泣如诉，卑微到尘埃里，不惜把自己比喻成犬、笔、马、鹦鹉等宠物或物件，因为一些状况，惨遭主人厌弃。而韦皋则是她可以依靠的"主人"。那一连串的"不得"，表明了她离开"主人"后的惨况，期望韦皋顾念旧情。

薛涛把《十离诗》寄送回成都府后，的确打动了韦皋。他回心转意，下令把薛涛召回身边。

重回繁华的成都府，薛涛就像换了一个人，变得无比清醒。她一直是身不由己，命运掌握在别人手上。韦皋能把她高高捧起，也能将她狠狠地踩在地上。

薛涛谨言慎行，减少不必要的应酬，尽心竭力做好校书

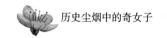

郎的工作，勤写诗作，重获韦皋欢心。

804年，南诏国王异牟寻向韦皋赠献了一只美丽的幼年孔雀。韦皋把它转送给薛涛，薛涛很喜欢这只孔雀，命人设笼饲养。

她与孔雀如影随形，无论到哪儿参加诗会都会带上孔雀。薛涛因此在诗坛上获得了"大唐孔雀"的称号，她不仅拥有一只孔雀，她的人和诗也如孔雀般美丽。但薛涛是清醒的"孔雀"，不再像以往那样得到些许称颂便骄傲放纵。

805年9月，60岁的韦皋患急病暴毙。"孔雀"失去了最大的势力依靠，心情复杂。但她已经37岁了，足够成熟地面对这场变故。

韦皋死后，朝廷任命刘辟继任西川节度使之位。

刘辟却是个有反心之人，不久起兵谋反。他想利用蜀地的知名人士来笼络人心，命薛涛等人给他写诗宣传。薛涛大气从容，一身傲骨，任凭刘辟威逼利诱，断然不肯提笔。她写的每个字都是干干净净的，绝不对肮脏之人屈服。

刘辟火冒三丈："我还对付不了一个歌伎吗？"他听说过薛涛写《十离诗》的事迹，专攻薛涛痛处，把她发配到边疆。

这是薛涛第二次被发配边地，但她不是那个 21 岁骄傲自负又惊慌茫然的小姑娘了。她是那么淡然、那么镇定，冷冷一笑，从从容容地远赴边境。她不乞求刘辟收回成命，更不可能像当初那样写下卑微的《十离诗》。

发明薛涛笺，放下情事穿上道袍

薛涛的反应，是刘辟没有料到的。

他更没料到，没过多长时间，朝廷大将高崇文便平定了刘辟之乱，并对薛涛在大是大非面前表现出的崇高气节大加褒扬，专程派人迎回薛涛。

新的西川节度使武元衡上任后，立即召见大名鼎鼎的薛涛。他似乎比韦皋更为欣赏薛涛的品性与才干，有意再为她

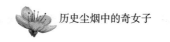

奏请陛下，封她"校书郎"官衔。

薛涛谢过武元衡，脸上却无喜色。

消息传得很快，诗友们都来祝贺她，认定她会苦尽甘来，事业更上一层。薛涛并不认同，经历过大风大浪后，她厌倦了如履薄冰的生活。武元衡无异于是下一个韦皋，薛涛不想再将命运的绳索交到他人手上。

她写下一首诗送给武元衡，拒绝校书郎一职，表明脱去乐籍的志向。武元衡通达，不勉强薛涛，许她自由之身。

脱籍后的薛涛常以清客的身份，应邀参加武元衡筹办的诗会。

没有了身份上的束缚，薛涛写诗交友更加自在了。她常进出各大官员的幕府，畅谈、作诗，与白居易、刘禹锡等诗人竞相唱酬。在这段时间，她的诗歌水平进入前所未有的高度，把寻常事物写得曲折动人，词句清丽，兼具思想深度，诗名大振，被称为"文妖"。

如果一直这样下去，也许她后半辈子都是纯粹的、愉悦的。

但人生不是一条平直的路，不可能每天都有温风拂面，彩霞染流水。

809 年 3 月，监察御史元稹奉命出使蜀地。他久闻薛涛芳名，请人引荐这位大唐才女。

这年，元稹 30 岁，薛涛 41 岁。一个是风流才子，一个是丰韵佳人，他们都被对方的才貌吸引。薛涛歌伎出身，见惯了公子哥儿逢场作戏，始乱终弃，原以为早就心如止水，不会深陷情网。可不计较她的出身和年龄的大才子元稹，让她心动了，难以自控。自然，她也不介意元稹家中有妻有妾。

薛涛情难自禁，写下一首《池上双凫》："双栖绿池上，朝去暮飞还。更忆将雏日，同心莲叶间。"她已经在憧憬未来幸福的家庭生活了。

薛涛陪元稹流连在蜀地青山江畔，一次次聆听元稹真挚的诺言，用心感受着此生从未有过的甜蜜。

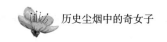

这是一场斑斓的幻影，也是薛涛命里的劫数。

809 年 7 月，元稹在官场上遭到陷害，被贬洛阳。这对胶漆相投的恋人被迫分离。

元稹启程离开蜀地时，两人难分难舍。

唯一能让薛涛感到慰藉的是，她很快收到了元稹从洛阳寄来的书信。信里饱含思念与深情，他许下诺言，安顿下来后，定迎娶薛涛，比翼双飞。

薛涛信了，与情郎相隔天涯，用一首首诗遥寄相思。她迷上了用信笺写诗，酷爱写绝句和八句律诗，鲜少写长律。因此，用普通的信笺写诗，纸幅未免太大。

据《唐才子传》记载，薛涛就是在这个时候创制了"薛涛笺"。根据《天工开物》所载，薛涛改造了造纸工艺，用芙蓉花汁把纸张染成带有香气的粉红色，裁成精巧的小彩笺，便是"薛涛笺"。它精美小巧，散发淡淡花香，适合用来写短诗，便于随身携带。

她用薛涛笺写下对元稹的日思夜念，真正是纸短情长。

可她的情郎始终没有安稳下来，无论是官场仕途还是家庭生活，都糟糕透顶。被贬洛阳期间，元稹的一妻一妾先后病逝。他也数次遭到同行的嫉妒与排挤，又由洛阳贬谪到江陵。

814 年的春天，薛涛实在熬不住相思之苦，跋山涉水奔赴江陵，与元稹相见。

一别两地五载光阴，元稹对她依然热情如火，信誓旦旦，让她错误地以为真情永存，内心期待不减。

第二次分离后，薛涛对元稹的思念比从前更入心入骨，涓滴念想汇聚成一组千古名诗《春望词》。其一："花开不同赏，花落不同悲。欲问相思处，花开花落时。"其二："揽草结同心，将以遗知音。春愁正断绝，春鸟复哀吟。"其三："风花日将老，佳期犹渺渺。不结同心人，空结同心草。"其四："那堪花满枝，翻作两相思。玉箸垂朝镜，春风知不知。"她写尽春花、春草、春鸟、春风，但无一例外也都是写绵绵无尽的相思之情，渴求永结同心之意，乐景哀情。

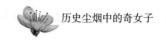

可她的一片痴情终成妄想。元稹仕途不畅，一贬再贬，从江陵贬谪到通州后，他终究辜负了薛涛，娶了有利于他仕途发展的士族之女裴淑，与薛涛断绝往来。

薛涛听到元稹再婚的消息后，终于明白元稹为何迟迟不回信，沿着溪边一路走一路大笑……

薛涛移居浣花溪，此时身上的钱财已基本耗光。人财两空，但她没有孤影自怜，更没有自寻短见。她在思考，如何才能独自安享晚年。

看着案上散乱的薛涛笺，薛涛想到了一个谋财方式。曾有诗友看过她做得漂亮方便小巧的薛涛笺后，爱不释手。她有意改良、大力生产薛涛笺，赚取利润。

薛涛请人打了一口井，请来造纸工匠，用清冽的井水制造更适合做薛涛笺的纸张，进而染色。当时的唐朝信笺宽大单调，只有薛涛做的彩笺灵巧缤纷。她把薛涛笺分别染成深红、粉红、杏红、明黄、深青、浅青、深绿、浅绿、铜绿、浅云 10 种颜色，满足不同人对于不同色彩的喜好，因而

"薛涛笺"又被称为"十色笺"。十色笺上面都印着花，带着缕缕清香。

除了生产薛涛笺，薛涛还充分利用自己的名人效应，衍生出相关的艺术品。她在彩笺上展示她的书法功力，写下一首首好诗妙句。

顾客可以购买写有诗句的薛涛笺，也可以只买十色笺用以书写。

薛涛笺一经上市，风靡多地，一时洛阳纸贵，它成了文人墨客必备案头品。就连制作薛涛笺的纸也成为蜀纸的知名品种，提升了成都在造纸历史上的地位。

薛涛凭借薛涛笺攒下了大笔钱财，决定离开纷扰的浣花溪。沉稳大气的她脱下红裙，放下情事，穿一袭灰道袍，带上她的孔雀，迁居成都郊外。

在那儿，她筑起了一座吟诗楼，安度余生，真正做到了心如止水。

相传，831 年秋天，陪伴薛涛 27 年的孔雀去世了。832

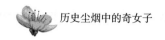

年夏天，"大唐孔雀"也随之离世。833年，曾任宰相的段文昌亲自为薛涛撰写墓志铭，并于墓碑写上"西川女校书薛涛洪度之墓"。

　　薛涛的生命落下帷幕，但她创制的薛涛笺流传千年。她是蜀中四大才女之一、唐代四大女诗人之一，有行书书法作品《陈思王·美女篇》和九十余首诗作传世。她是史上唯一女校书郎，前无古人后无来者！

第十卷

女御医义妁：乐于钻研的女中扁鹊

在中国古代，医术"传男不传女，传内不传外"，女医生的数量并不多。她们在夹缝中生存、发光，涌现出一批医德高尚、医术精湛、为民除病的女医者。

晋代鲍姑、西汉义妁、宋代张小娘子、明代谈允贤，又被称为"中国古代四大女医"。而义妁，凭借高超的医术位列"中国古代四大女医"之首。她个性娴静，天赋异禀，乐于钻研，是中国历史上第一个有记载的女医，被誉为"巾帼医家第一人"，也是中国历史上第一位女御医。在民间，她被称为"女中扁鹊"；在朝廷，她被封为"大汉女国医"。

她的经历精彩绝伦，载入《史记》及民间典籍。被后人敬仰和称道的义妁，少女时期却被父亲逼迫发毒誓，终生不得从医……

天赋异禀的少女在深闺偷偷学医

义妁，出生在西汉时期，河东^① 人。

父亲许善友是一位民间大夫，每日在医馆行医，乐善好施。义妁自幼聪明伶俐，好读医书，对药草兴趣浓郁。她 10 岁就能上山采药，辨别药草，立志成为一名大夫，像父亲那样行医救人。

义妁喜欢待在医馆里，看父亲如何用药、施针。许善友往往对此感到不满，挥着衣袖把女儿轰回闺房。

年少的义妁以为父亲嫌她在医馆碍手碍脚，她便在房里勤读医书。在旁人看来晦涩难懂的医书，她看得津津有味，积累了不少医药知识。一有郎中路过，走村串户地给人看

---

① 义妁的家乡，今山西省运城市盐湖区王范乡姚张村。

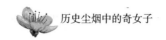

病，她立马放下书籍，蝴蝶似的轻盈地飞奔到郎中身边，学习望、闻、问、切，听郎中讲解医理。遇到不理解的地方，虚心请教。郎中看到义妁乖巧秀气，颇有慧根，有时会让她搭把手，额外讲解一些医学理论。义妁欢天喜地，累积了丰富的临床经验。

相传有一天，义妁采药回来，看到一位老妇人坐在门口痛苦呻吟，她的小腿长了一个大脓疮，疼得走不动路，无法到医馆看病。义妁仔细看了看，想了想，从草药筐里取出几味药，捣烂，帮老妇人敷治。两天后，老妇人的腿伤明显好转。

这次独立行医，给义妁带来了信心。她胆大心细，经常出诊，给更多的村民治病。除了用草药给病人内服外用，她还运用涞北艾进行红油灸疗，减轻病人的痛苦。

没过多久，义妁就在周围的村子里出了名，人们称赞她天赋异禀，是医学方面的天才。事情传到了许善友的耳中却变得刺耳了，他大发雷霆，痛斥女儿擅自行医，不知天高地厚。不等义妁解释，他又逼着女儿发毒誓，这辈子都不做医生，若是一意孤行，就跟她断绝父女关系。

义妁不理解父亲为何怒气冲天，她是大夫的女儿，热爱医学，为什么不能继承父亲的衣钵呢？

许善友说道，这是为她好，日后定能明白他的一番苦心。

在许善友的横加阻挠下，义妁不再出诊，每日待在深闺。但她放不下对医术的这份痴迷，偷偷摸摸捧起医书，日夜研读。当父亲的脚步声近了，她就放下医书，改而绣花。

义妁 17 岁那年，家乡发生了一场瘟疫。来医馆看病的人络绎不绝，许善友没日没夜地给百姓们治病。那些病情严重和来不及救治的人就此死去，尸横遍野。全城士兵出动，把尸体抬去乱葬岗焚烧。

许善友每天面对无数病人，自己也被传染了，出现了瘟疫症状。在他意识到感染了瘟疫时，刚好磨制好了新药，只要服下就能得到缓解。善良的他，却转手把药送给了邻居家

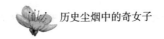

的幼子。

那个孩子成了他最后救治的病人。

许善友没有得到及时医治，病情迅速加重，死亡在向他招手。弥留之际，他把义妁及其弟弟义纵叫到跟前，告诉他们一个惊天秘密。

许善友不是义妁和义纵的亲生父亲，他们的亲生父亲叫义云天①。义云天曾就职于太医院，医术高明。一次，许善友得了一种怪病，访遍许多名医都说无药可治。生命垂危之时，义云天出手治愈他的病，救回他的命。许善友感激义云天，把他视作大恩人、生死之交。

义纵出生后不久，锋芒过盛的义云天遭到太医院高官的陷害，与妻子双双身亡。恩人已经遇害，许善友生怕此事祸及义妁和义纵，连忙把他们抱走，连夜出城，远离长安。他何尝看不出义妁在医学方面的过人天赋，正因为如此，才更

———————

① 也有叫义方正、义海端等说法，正史并无记载义妁生父的名字。此处采用民间普遍认可的名字。

加要制止她，担心她走上义云天的老路。

　　义纵的性格与姐姐截然不同，义妁个性沉静，义纵性情刚烈，他追问许善友："仇家是何人？是否还活着？杀父之仇，不可不报！"许善友虚弱地摇头，说什么也不肯报出仇人的名字。他要义妁、义纵姐弟俩好好活着，忘记仇恨。善恶到头终有报，作恶的仇家一定会有悲惨的下场。

　　许善友把义云天的遗物交到义妁手中，是一些医书和一本草药图谱，一再叮嘱她不要学医。

　　义妁怀着悲痛的心情，埋葬了养父。这场恐怖的瘟疫和许善友的死，反而坚定了义妁学好医术的决心。她天真地想，当她的医术足够好，就能对抗瘟疫，拯救更多的生命。只要不进皇宫，就不会走上生父的老路了。

　　义妁认真学习义云天留下的草药图谱和医书，接替许善友，在医馆行医救人。自学完这些医书后，她仍觉得远远不够。听人说，长安有一位名叫郑无空的医生，被称为"长安第一名医"。她想当郑无空的徒弟，深入学医。于是，毅然

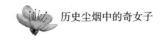

离开河东，远赴长安。

求学是艰辛的。郑无空虽在长安医学界享有盛名，但此人脾气古怪，瞧不起对手，更瞧不起女人。听到仆人来报，一位名叫义妁的少女求见，想拜他为师学习医术，便觉着可笑。

在古代的中医行业里，有着"传男不传女，传内不传外"的不成文规定。郑无空拒绝面见义妁，撂下一句话："打哪儿来的，回哪儿去。"

一战成名的"女中扁鹊"入宫遭陷害

义妁很失落，却不愿放弃。

她不哭不闹，安安静静地跪在郑无空的医馆门前三天三夜。郑无空不由得对义妁产生了好奇，答应与她见上一面。但他还是不想收她为徒，有意出题为难她，企图将她吓跑。

郑无空写下六种草药的名字，让义妁到鸡峰山上采药。

若能在太阳下山之前，把这六种草药采回来，他就收义妁为徒。这六味草药本就不好找，而且鸡峰山山林茂密，常有野兽毒虫出没，采药经验丰富的大夫也甚少到那里去。郑无空的家仆见义妁身子单薄，悄声劝她，主家这是在下逐客令，千万不能到鸡峰山送死。

义妁没有说话，径直离开。

直到天黑，她都没有回来。郑无空以为，总算把义妁赶走了。

谁知，第二天一早，郑家仆人刚打开医馆大门，迎面碰上了义妁。她的脸上和身上都脏兮兮的，衣服还有破损的地方，脸色却很平静。没有人知道她在鸡峰山上遭遇了什么，但她的确把六味草药带回来了。

尽管过了约定的时间，但一番交谈下来，义妁的医学道理和医学见解令郑无空感到惊讶。更令他震惊的是，义妁是无师自通、自学成才。他不再小看面前的少女，答应收她为徒，料定她今后必有大作为。

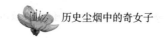

从此，义妁跟随郑无空苦学医术，悬壶济世。一面学习理论，一面加强实践。

义妁进步飞快，能够无比巧妙地运用草木藤叶，疗效非常好。她既擅长内科疑难杂症，又精通外科和针灸，还在妇科方面有着高超卓绝的医术。

三秋已过，义妁学成归来，继续在河东开医馆，给村民百姓看病。

有一天，从邻村抬来一位奄奄一息的病人。她像是得了一种怪病，肚子胀得像灌满了气的皮球，这一带所有的大夫都无计可施。眼看就剩下最后一口气了，更没人愿意医治，生怕闹出人命。义妁大胆上前观察、把脉，从容地说，可以一试。她先开了几服汤药，吩咐人去煎熬。再取出几根针和一包自制药粉，不紧不慢地在病人的下腹和大腿上扎针，把药粉撒在病人的肚脐上，喂病人服下汤药。

过了一会儿，病人的肚子发出"咕噜咕噜"的声响，开始排气。又过了一会儿，病人呼气畅顺，人也有了精气神。

叹为观止，在场的人都夸义妁妙手回春。

一连三天，那位病人都在喝义妁开的药，腹胀渐渐消退，能下地活动了。十天后，她的病就奇迹般痊愈了。

义妁一战成名，被誉为"女中扁鹊"，她的事迹在方圆百里传开。

来找义妁看病的人越来越多。突然有一天，医馆里来了一对特殊的母女。姑娘忸怩着不肯说出病情，在后面排队的病人的催促下，她才伏在义妁的耳边说出一番话来。原来，姑娘得的是遗尿症，常在晚上就寝后反复出现非自主排尿现象，用过很多药方都不管用。义妁把她们留在医馆里住下，亲自照看，视情况开药。

困扰姑娘多年的病，义妁仅用五天时间，就给她治好了。姑娘喜不自胜，激动地跪下来，对她"母亲"说道："回嬷嬷，奴婢的身子果真全好了……"这话正好被门外的义妁听见了。

她们竟是乔装成一对母女的宫女，专门来试探义妁的

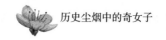

医术。

原来，经过口口相传，义妁的医疗技术朝野共知。汉武帝的生母王太后年老多病，宫中御医皆无力根治。汉武帝听闻义妁医术了得，便派人去暗访，打算将义妁召入宫当"女医"，给王太后治病。

义妁谨遵养父许善友的嘱咐，从未想过入宫，可天子有令，不得不从。

进宫以后，义妁并不能马上见到王太后，而是先给宫中妃嫔、贵族夫人和婢女们看病。做得好，方能给尊贵的王太后看病。义妁不急不躁不抱怨，沉静如水，做好分内事。

在西汉，皇宫内已有不少"女医"，被称为"视产乳之疾者"。也就是说，女医的主要职责是帮妃嫔和皇亲国戚的女眷接生，以及看妇科疾病。她们研究的医学领域狭窄，在宫中地位不高。义妁不是普通的女医，她是全能型医者，凡是找她看过病的妃嫔和夫人，没有不称赞她医术高明的。自从义妁来了，其他女医都变得清闲了，病人寥寥无几。

常言，树大招风，高明丧人。一日，一位身怀六甲的贵妇请义妁看病服药后，病情变得更严重了。义妁感到诧异，赶忙去查看贵妇用过的汤药药渣，立即明白自己遭人陷害了。

宫廷贵妇不是她一介女医得罪得起的，她被判渎职，打入大牢。

弟弟义纵心急如焚，来看望义妁时，发现她正在狱中看医书。大难临头，她竟安然若素。义纵劝她别看书了，快想想法子离开大牢。义妁无比冷静地回答，她就是在想法子，书中有答案。

义纵耐着性子等待片刻后，义妁已经想到了出狱的办法。她告诉义纵，贵妇用过的药渣中，的确都是她开的那几味药，从贵妇的症状来看，应该是有人动了手脚，加重了其中一味药的分量。她已想到是哪一味药了，"那位贵夫人胎相不稳，再喝两服补药便可。"义妁开了一道方子，叫义纵去抓药，想尽一切办法给贵妇送过去，令其服下。

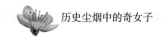

义纵即刻行动，完成了姐姐的嘱托。贵妇的身体有了好转，义妁得以化险为夷，之后加倍谨言慎行。

进入宫廷的时间长了，义妁听到的传闻越发多了。她在无意中知道了一个重大秘密——生父的死亡真相——仇人就是太医院的最高官员太医令丞崔府志。

义云天在太医院当大夫时，医术超群，抢了崔府志的风头。崔府志妒火中烧，买通婢女，诬陷义云天与皇帝的妃嫔通奸。义云天夫妇不妥协，拒不认罪，含冤而亡。

义妁知道真相后，心乱如麻，头一次慌张失态，大哭着把事情一一告知义纵。义纵恨不得马上撕碎仇人，他甚至认定，义妁上次的医疗事故就是善妒的崔府志在搞鬼。

一剂猛药成就沉静如水的大汉女国医

义妁平复情绪后，却越发认可许善友临终前说的那番话。她和弟弟都应当好好活着，忘记仇恨。他们不是仇人的对手，不要做无谓的牺牲。背负仇恨生活，也是一种折磨。善恶到头终有报，恶人自有天收。

义纵跟义妁意见相反，他觉得姐姐胆小懦弱，不知道仇家就罢了，既然知道，就没有不报仇的道理。今日不能报仇，他日伺机而动再报。

义纵一直在等报仇雪恨的机会，等到王太后病重，缠绵病榻，御医们束手无策。王太后早就听说宫里来了一位医术精湛的女医，钦点义妁来给她看病。

义妁来到长乐宫，看到太后无精打采地坐在凤椅上。义妁问太后身边的宫女，刚入秋，天气并不寒冷，为何太后的腿上盖了多层被子，往日都服用何种药物。宫女向义妁解释，太后身体虚弱，足底有一股寒气，向来服用温补之药。以往服药后症状能得到缓解，近来寒气蔓延到了膝盖，以至于双腿冰凉，不得不多盖被子。

义妁听罢，蹲下来摸了摸太后的双腿，果然冰冷刺骨，一把脉却无寒凉虚弱之象，反倒沉实有力，再去摸腹部，有

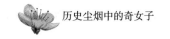

硬结之感。义妁心下了然，直言太后的病深入肌体，得下一
剂猛药。太后瞧着义妁不过二十来岁，地位卑微，但她不卑
不亢，淡定自若，便说："哀家的命就交给你了。"义妁提笔
写下大黄、厚朴、枳实……把药方交给宫女抓药，熬制。

可太后用了药，不但没有好转，还全身虚弱无力，泄
泻，连话都说不出来，陷入半昏迷状态。

汉武帝勃然大怒，崔府志火上浇油："太后身子弱，一向
用温补的药，你胆敢用泄下的方子。"义妁低头言明，这是
用药后的正常反应，不出三天，定能好转。

没有人相信她，汉武帝盛怒之下，把义妁打入天牢。

第二次入狱，所犯之事也更为严重，义妁倒比头一回
镇定得多。她相信自己的医术，深信自己对药物的判断不会
有误。

熬到第三天早上，正如义妁所料，太后的病好了一大
半，心情大好，传话要见义妁。

这一剂猛药令义妁在宫廷里名声大噪，汉武帝龙颜大

悦，封她为女侍医，专职负责调理太后凤体。

太后一天比一天神清气爽，对义妁愈加亲厚，常让义妁陪着逛花园，赏花逗鸟，把她当作女儿一般。

坐在湖边的凉亭喂鱼时，太后与义妁谈到欢喜处，忽然问起："你有儿子、兄弟吗？"义妁冰雪聪明，猜到了太后的用意，她想任用义妁的亲人当官，以表谢意。这是千载难逢的好机会，义妁却当场拒绝："我只有一个弟弟义纵，但他行为不洁，不可为官。"在义妁到长安拜郑无空为师学医时，无暇管教弟弟，少年义纵曾伙同他人抢劫为盗。

义纵为此非常生气，与义妁大闹一场。

其实，义纵不贪恋官位俸禄，只想借此出兵复仇。而义妁正是看穿了他的私心，才执意拒绝的。她不能让弟弟犯错，用不正当手段为双亲正名。姐弟俩彻夜长谈，抱头痛哭，在义妁的劝说和开导下，义纵终于放下了仇恨。

在义纵放下复仇执念后，为官之事却有了转机。

太后实在太喜欢义妁了，也佩服她的坦诚无私，奏请汉

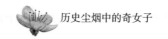

武帝后，汉武帝欣赏义妁的为人，认为有姐如此，其弟必然不坏，遂将义纵封为中郎，补为上党郡中令。

义纵上任后，不畏权势，尽忠职守，受到汉武帝的赏识和重用，一再升官。有关义纵为官的事，在《史记》里有详细的记载："义纵者，河东人也。为少年时，尝与张次公俱攻剽为群盗。纵有姐妁，以医幸汉武帝的母亲王太后。王太后问：'有子兄弟为官者乎？'姐曰：'有弟无行，不可。'太后乃告上，拜义弟纵为中郎，补上党郡中令。治敢行，少蕴藉，县无逋事，举为第一。迁为长陵及长安令，直法行治，不避贵戚。他以案捕太后外孙修成君子仲，上以为能，迁为河内都尉。至则族灭其豪穰氏之属，河内道不拾遗。而张次公亦为郎，以勇悍从军，敢深入，有功，为岸头侯。"

义纵虽放下了仇恨，但烈性不改。据史料记载，义纵大体上是位好官，只是过于严酷，不近人情，娴于杀戮，曾经一次杀死四百余人，被司马迁列入"酷吏"行列。

弟弟步步高升的同时，一生乐于钻研医术的义妁被汉武帝册封为"大汉女国医"，成为中国历史上第一位女御医。

　　时过境迁，害人不浅的崔府志年老之时，陆续遭人告发。刑部在审查他的案件时，拔出萝卜带出泥，发现他伙同其他官员犯下多项罪责，将他依法问斩，大快人心。

　　公元前 126 年，王太后寿终正寝。此后，再无义妁的医事活动记载。据史学家推测，义妁本就不是自愿入宫，她学医的初心也是为了黎民百姓。在太后去世后，她借此辞官还乡，造福百姓，安安静静地过完一生。

　　后人喜欢用"白芍花"来形容义妁，她经历过倾轧与迫害，曾遭牢狱之苦，历经大苦大难，始终安静坚韧，端正淑良。唯一的遗憾是，义妁卓绝的医术没被编写成书永世流传。

第十一卷

女船王俞大娘：豪情万丈造巨船的女强人

唐朝，国力强盛，经济繁荣，造船业应运而生，得以发展。到了中唐，造船业就已经十分发达了。在唐代大历、贞元年间（公元766—805年），更是出现了最大的航船，那便是"俞大娘航船"。船的制造者就是俞大娘本人，她的船载重量大约一万石，被誉为"万石巨舟"，冠绝一时，为人称道。

俞大娘的航船与事迹，在《唐国史补》《一切经音义》等均有记载。她孤身一人，不顾偏见，不惧艰难，勇闯造船业和航运业，每年都能获得极其丰厚的利润，富甲一方，成为唐朝赫赫有名的"女船王"。

这位豪情万丈的传奇女性，最开始却只是一名普通茶叶商人的妻子，过着与普通妇人无异的简单平静的生活。那么，俞大娘为何要进入航运业？她又是怎样造出名震天下的巨船的呢？

茶商妇欲当航运业掌舵人

俞大娘[①]，出生于唐朝时期长江流域的一户普通人家。

少女时期的她，聪明好学，喜欢温酒读书，各种类型的书都读，因而见识广博。到了婚配的年纪，她遵循父母之命媒妁之言，嫁给了一位茶商的长子。

婚后不久，公婆去世，丈夫接管家族茶叶生意，经营得有声有色。俞大娘每日操持家务，闲时看书解乏。虽无大富大贵，但夫妻和顺，日子宁静和美。

无奈世事难料，公元 750 年，天宝战争爆发，持续 5 年的战争令唐朝元气大伤，经济低迷。俞家的茶叶生意日渐衰败。屋漏偏逢连夜雨，在这艰难时刻，丈夫不幸染病身亡。

----

①　俞大娘并非她的本名，因嫁与俞姓男子，人称"俞大娘"。原名已无从得知。

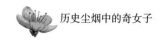

这对一位古代妇人而言，无异于天塌下来了。

幸而初唐和中唐时期，妇女离异或丧偶再嫁的情况相对比较普遍。据《新唐书》记载，唐朝一共有过211位公主，其中有婚嫁记载的有134位，而再嫁的公主人数多达25人。上行下效，贵族妇女屡屡出现再嫁的情况。在某种程度上来说，公主、贵妇再嫁可以全凭喜好。普通人家妇女却多是由于失去丈夫，生活陷入困境，迫使她们再为人妇。

俞大娘在丈夫离世后，家族的人都以为再嫁是她最好的出路。即便无法嫁到像俞家这样的人家，起码生活有保障。他们也认为，丧服期满，俞大娘一定会改嫁。

岂料，俞大娘不愿离开俞家，曾说出一番震惊众人的话来："嫁一个丈夫不成，又嫁一个，何日是尽头？何不如嫁给自己，倚靠自己？"她拒绝再嫁，接手丈夫留下的茶叶生意。

唐朝商业发展繁荣昌盛，需要更多的商业人员，但传统的士农工商等级观念根深蒂固，商人处于社会等级的末端，受人鄙夷，从商的男性并不多，这为女性参与商业活动提供更多的可能性。唐朝，是女性经商的历史高峰期。所以，在俞大娘决心经营茶叶生意时，家族的人也没有明确反对，默许了此事。

俞大娘从小好学，对茶叶、行商的门道有所了解，很快就上手了。生意慢慢有了起色，她喜不自胜。

可惜天宝战争刚平息，公元755年，又发生了安史之乱。连年的战乱，令俞大娘的茶叶生意一落千丈。一天，她到外地贩茶时，遇到了狡猾的扒手，把她身上全部的本钱都偷走了。俞大娘心灰意懒，没了心气。

有人劝她打起精神来，东山再起，更多的人劝她再嫁他人，相夫教子。俞大娘一概不听，选择静观其变。

公元763年，安史之乱结束，经历战乱重创的大唐王朝亟须大力发展经济。商人变得前所未有的重要，地位得到提升，出现"扶商政策"。俞大娘打算顺应形势，继续开门做生意。家族的人以为她要重操旧业，做茶叶生意。俞大娘不置可否，为谨慎起见，先做一番市场调研。

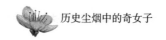

经过数月的打探调查，俞大娘发现了重大商机，喜出望外。

唐代社会开放，与外邦多有来往，许多外国人到此做生意，少不了船这种运输工具。唐朝有多个造船基地，主要设在江苏、浙江、安徽、福建和广东等地区，造船业发达，船只需求量大。《唐国史补》里面便有记载："凡东南郡邑无不通水，故天下货利舟楫居多。"

俞大娘眼光独到、高瞻远瞩，经营茶叶生意或许能赚到钱，但获利有限。她认定航运业将成为最赚钱的行当之一，帮助客人运送货物或送人到指定地点，其间，为船上客人提供简单的食宿。酬劳则根据路途的长短结合行船的难易度来确定，明码标价，童叟无欺。

一个小小茶商妇竟想当航运业的掌舵人，这个想法太宏大、太吓人，家族里的人无一不反对。唐代从商的女性不在少数，可基本都从事饮食业、纺织业、住宿业、个体零售业等投入少风险低的商业活动。没有妇人有胆识和魄力，去挑战航运业这种高风险高收益的大生意。再者，俞大娘在这方面毫无经验，极有可能一败涂地。

俞大娘不满地反驳众人，试都不敢试，才是真正的失败。经验不足，可以积攒，谁都不是天生就会做生意的。她少女时期看书时，就看过有关航海、航运的知识，曾令她心驰神往。

如今，有机会再续年少时的美梦，何乐而不为呢？

别人的意见只能是意见，俞大娘行事雷厉风行，决定要做的事，十匹马也拉不回来。

被同行排挤后决心造大船

家族里的大部分人都不相信俞大娘能取得成功，不肯再跟着她做生意，并企图用"当局者迷，旁观者清"之类的言论劝阻她。但，无济于事。

俞大娘得不到家族的支持，就回娘家寻求资金帮助。仿

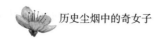

佛约定好了似的，除了母亲赐予她一支发钗与些许碎银，其余娘家人一律不肯投钱。大家都劝她，改嫁方是正道，何必抛头露面瞎折腾。俞大娘不听劝，别人越劝，她越坚定。正是大多数人都不敢做的事，才是真正能赚大钱的事，她不与培娄为类。

俞大娘东拼西凑，终于凑够了买船的钱，高高兴兴地买回来一条船，请来专业的船工，便开始做航船生意。她信心满满，却出师不利。

其他的航船老板看不惯俞大娘，一个年轻寡妇也敢跟他们抢航运生意，不知天高地厚。出于嫉妒，也出于欺生，他们联合起来，排挤俞大娘，有意压低价格抢顾客。更过分的是，他们抹黑俞大娘，说她品行有问题，她的船只也不牢靠。俞大娘双拳难敌四手，生意越来越惨淡。

有船工给俞大娘出主意，向其他航船老板献礼，暂且赔笑服软，大家一团和气，生意定能逐渐好起来。俞大娘一口回绝，本应公平竞争，分明是对方先对她不敬不义，有错在前，凭什么还要她赔礼道歉，岂不是长他人志气，灭自己威风？日后恐怕更不将她放在眼内！

一身傲骨难得，却往往不能换钱。俞大娘家的生意每况愈下，门可罗雀，到最后，她不得不解散船工，变卖船只。

第一次创业失败，俞大娘不服输，下决心要超越所有航运同行。

据她观察，大部分同行的船只都有同样的弱点，载重多是一千石，能运送的货物有限，接不了"大单"。一来一回，成本耗资大。较大的船，载重则达到了两千石，一般人是买不起的。

俞大娘雄心勃勃，想买下最大的船，震慑周围所有船户。

现实却把她吓退了，载重两千石的大船贵得离谱，她绝无能力购买。卖家还把她嘲笑戏弄一番。

俞大娘心里空落落的，眼前却一遍遍地浮现出大船的模样。

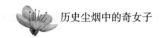

有一天，她到江边散心，看到一位老人在修补木船。老人看上去不像穷苦之人，他的木船却破破烂烂的，看样子再怎么修补，也使用不了多长时间了。俞大娘不解地问道："老人家，何苦要修补这条破船呢？"老人笑着回应："自己亲手造的船，不舍得扔掉哩。"

听者有意，俞大娘大受启发。她买不起大船，何不自己造一艘呢？

这是一条更难走的路。俞大娘买回各种有关造船的典籍，每天钻研到三更半夜，方吹灭蜡烛歇息。听到鸡鸣声后，又迅速翻身起床，开启新一天的学习，不断丰富理论知识。俞大娘学习热情饱满，不多时便掌握好了基本的造船理论。但在深入的学习中，她却遇到了难关。

为了寻求突破，俞大娘积极向附近的船匠请教。好心的船匠细心跟俞大娘讲解，提醒她纸上得来终觉浅，要将理论与实践相结合，齐头并进。

俞大娘找到当地最有名望的贾船匠，求对方收她为徒，教授她造船的技术，接触真正的大船。贾船匠以"这不是女人能干的活计"为由，坚决地拒绝了她。

俞大娘不甘心，凭什么不让女人造船？她去找别的船匠，依旧屡屡遭拒。

机会总是留给有准备的人。那天，俞大娘路过市集，听到有位孙船匠在招收小工。他急需多名小工，放宽条件，没有经验也没关系，可以当学徒栽培，边干边学。俞大娘冲上前去，凭借扎实的理论功底，令孙船匠眼前一亮，破例收了她。

俞大娘珍惜来之不易的机会，工作卖力，不怕苦、不怕累、不怕脏，男人能干的活儿，她都能干。她在技术方面进步神速，掰着指头想，再过一年半载，应该就能学成归来了。可一个多月后，孙船匠收下了一个新来的小工，就以小工数量过多为由，解雇了俞大娘。俞大娘实在想不通，自己到底哪里比不上其他小工，为何偏偏解雇她？

孙船匠直白地告诉她："你什么都好，可惜不是男儿

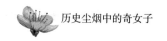

身!"哪怕在思想相对开放的唐朝,依然是男尊女卑的时代。俞大娘偏偏又是个寡妇,寡妇门前是非多,谁都不想惹是生非。

俞大娘无奈离开,越发坚定了造大船的决心,谁说女子不如男?她就要让哪些瞧不起她的人刮目相看。

她咬紧牙关,不辞辛苦,四处打工求学。被东家赶走,又跑去西家,不断加强技术,补齐短板。寒去春来,山茶花开得灿若红霞,俞大娘也迎来了自己的春天,她学会了造船,还学会了沉住气。

能够掌握跟别的船匠一样的造船技术,跟别的船匠造出同样的船,不是她的最终梦想。在商业竞争中取得压倒性胜利的一方,往往是因为其拥有别人所没有的技术,这便是核心竞争力。俞大娘想提高自己的核心竞争力,在原有的技术上,往更高的层次上钻研,力求创新。

她每天都全神贯注地想着一件事,就是造大船,造一艘当今世上最大的船。吃饭时想,沐浴时想,走路时也在想。

经过反复制图、推敲、试验，俞大娘取得了一次次技术上的突破。在当地有一个关于俞大娘研究造船技术的传说，每当她突破了一项新的技术或者想到了新的创意，就会去最贵的包子铺，买一个大大的肉包子犒劳自己，并对卖包子的人说："今日又比昨日更好了。"那个时候，人们即便知道俞大娘在研究造船，也绝不相信她能成功，反倒觉得她走火入魔了。

　　直至有一天，俞大娘豪情万丈地画完一张图纸后，把自己的想法重新验证了一遍，惊喜地发现，大功告成了。

"俞大娘航船"冠绝天下

　　看着自己设计的巨舟图纸，俞大娘恨不得立刻动手造船。

　　造船需要许多银子，钱从何而来？

　　俞大娘盘算了一番，拿出孤注一掷的勇气，变卖房产，

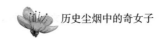

把丈夫生前送她的钗环首饰拿去典当。筹够钱后，她请来一批船工，协助她夜以继日地造船。

巨船完工那天，所有人都惊呆了，这是唐朝体积最大、载重量最大的"万石巨舟"！人们奔走相告，像发现了新大陆那般兴奋。一个无依无靠的寡妇造出了一艘巨船，确实是件稀奇事。释玄应、释慧琳所编著的《一切经音义》里有关于唐代所造的船"水不载万"的记载，当时最大的船最多能承载接近一万石的重量，指的就是俞大娘所造的巨舟，冠绝天下。

俞大娘在船上贴上"俞大娘航船"标签，再次闯入航运业，势不可当。她威风凛凛地站在大船上，没有人敢再小觑她，对她指手画脚。商家们闻讯而来，争先恐后地与她谈合作。

"俞大娘航船"声名远扬，航运生意极好。她没有因此把自己放在高高在上的位置，怠慢顾客，而是待人谦和有礼。在端午节、中秋节等节日，俞大娘会派人给一些长期合

作的商家赠送衣服、香囊、胡饼、桂花酒等礼物。要是遇上
俞大娘生辰那天开船，她还会给这批货物的商家打折扣。她
的种种举动，为"俞大娘航船"积累了良好的口碑，生意越
做越旺。

也不是完全没有烦恼。

航船往返一趟，通常要两个月到半年的时间，长期在
外，船工们会错过一些重要的时刻，孩子出生、亲人出嫁等
等，不无遗憾，加上航船孤单枯燥，船工的辞工率很高。频
繁招工会浪费很多时间，时间就是白花花的银子，俞大娘也
想留住那些得力的船工。但她一再涨工钱，也无法大幅降低
船工离工率。

俞大娘找不到突破口，望着茫茫江面，心绪烦乱。一天
夜晚，她在巡船时，忽然听到有人躲在角落里哭泣，正是刚
换班的船工。他哭得伤心，又不敢放声大哭，呜呜咽咽的。
俞大娘上前问明缘由，原来，船工与父亲相依为命，父亲劳
苦多年，落下顽疾。上次出船后，船工数月没法见到父亲，

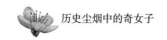

回来时，左邻右舍告诉他，父亲早在一个月前驾鹤西去，变成了一抔土。父子俩连最后一面都没见上。

俞大娘向来孤军奋战，形单影只，无牵无挂，在船工的沉痛与悲伤中，她方理解了船工们的不易。这一夜，她不停地在大船上来回踱步，默默不语，思索着最佳解决方案。

她的船是那么大，如同现代的邮轮一般，别的商船无法比拟。既然如此，为何与普通商船一样只运商品不做别的用途呢？

为了留住得力船工，使他们没有后顾之忧，她宣布，所有船工都可以带家属一起住在船上，妇人们可以在船上做杂务工，负责栽种蔬菜、花果，做饭，清洁，等等。船员及其家人的婚丧嫁娶，都可以在船上进行。唯一的条件是，所有人必须签约做长工。

拿着高薪，还能享受天伦之乐，没有人不愿意。

稳定数百名人员后，俞大娘的野心和信心也被撑大了。她要远航，把航线变长，南至江西，北至淮南，一年往返一次，每年都能获得巨大的利润。唐朝的李肇在《唐国史补》里，写到了俞大娘的航船："大历、贞元间，有俞大娘航船最大，居者养生、送死、嫁娶悉在其间。开巷为圃，操驾之工数百，南至江西、北至淮南，岁一往来，其利甚溥，此则不啻载万也。"

一只大船便有如此庞大的利润，俞大娘尝到甜头后，有意要造第二只船、第三只船……她成为当时最著名的航运业女强人。

等到资金积累到一定程度时，俞大娘又把目光瞄准造船业。她本就拥有别人所没有的创新先进技术，且从未停止深入学习。她所制造的船只，小船灵活精巧，大船实用耐磨，深得顾客欢心。没过多长时间，俞大娘就成了那一带船只的垄断性制造商，人们称她为"女船王"。

造船业和航运业都带给俞大娘前所未有的高回报，使她成为富甲一方的大富豪，终于苦尽甘来，风光无限。

在这之后，俞大娘的去向成了历史谜团，众说纷纭。根

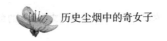

据推测，其中三种说法最接近真实情况。

有的说，俞大娘直至生命结束都在经营造船和航运产业，相当于坐拥两座金山，日子过得平顺自在、充实富足，没再发生惊天动地的大事，各类史书也就没有相关的记载了。

第二种说法是，历经多年，唐朝经济早已复苏，繁荣如昨，很多番邦前来做生意，大大促进了南方和东南沿海造船业的需求与发展。"俞大娘航船"震惊朝野，朝廷看中了俞大娘的造船实力，游说她加入官方，到东南沿海地区，为朝廷效力，制造商船、官船和军用大船。当时涉及很多国家机密，朝廷也不便大肆宣扬和记载俞大娘的行事轨迹。她为国家效力，直到终老。

还有一种说法，也是最浪漫的。

相传，俞大娘一生未曾真正忘记丈夫，惦念着两人相濡以沫的旧时光。在赚到钱后，她第一时间买回了丈夫生前居住过的房屋，到典当行赎回丈夫送她的钗环首饰。

晚年时期，俞大娘不再热心于赚钱，也不必再向世人证明自己的超群能力，她心境淡然，欲退隐江湖。过完热闹的上元节，她就把所有地契和房契分给家族的人，捐出大部分的财物。

一天清晨，仆人来伺候俞大娘起床用早膳时，发现人去房空。离开时，她只带走了丈夫生前送她的那些钗环首饰，以及一些黄金和碎银。从此退隐江湖，不问红尘世事，逍遥自在直到生命的最后时刻。

没有人知道俞大娘真实的人生结局，但以上三种说法，都表明她得到了善终。而她的巨舟，与她的豪情、魄力，将长久留在后人的心中。

第十二卷

棉纺织专家黄道婆：心善灵巧的先棉神

宋末元初，松江府地区棉纺织技艺落后，劳动效率低下，人民生活贫苦。50岁的黄道婆从千里之外的崖州回到家乡，带回了从黎族学到的棉纺织技术。

她心善灵巧，推广棉花种植，结合所学的技术，进一步改革与创新，创造出"擀、弹、纺、织"等纺织业专用工具，并总结和传授"错纱、配色、综线、挈花"的织造技术。乡人大开眼界，效率大大提高。在黄道婆的革新和带领下，松江府乃至整个长江流域一跃成为著名棉花种植基地和棉布纺织中心，有"衣被天下"之称，百姓收入增多，生活欣欣向荣。棉纺织业的迅速发展，对明清时期江南的经济繁荣产生了深远影响，促进了长三角地区的崛起。

黄道婆是著名的棉纺织专家、技术改革家，又被尊称为织女星和先棉神，受人敬仰。她的事迹出现在《梧溪集》《辍耕录》《嘉庆上海县志》《同治上海县志》《松江府志》等众多史料中。她的前半生却坎坷多舛，被卖做童养媳，饱受摧残，公婆还密谋将她转卖到妓院去……

不堪受辱，千里逃亡

黄道婆，出生于南宋末年，松江府乌泥泾①人。

正值宋元更替，到处兵荒马乱，百姓流离失所，生活贫苦。在她年幼时，爹娘先后病逝，依靠附近的亲人收留，勉强活了下来。寄人篱下的生活不好过，她需步步留心，时时在意，察言观色，手脚勤快。白天，她下地干活；晚上，织布到深夜。机杼声是她童年的乐章，她与纺织业结下不解之缘。

可家里实在太贫困了，据《梧溪集》记载，黄道婆长到十二三岁时，被迫卖到别人家里当童养媳。那是噩梦的开始，婆家欺负她没了爹娘，毫无顾忌地欺负她、虐待她。她

---

① 今属上海市。

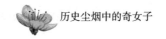

吃最少的饭，干最多的活儿。

清晨，黄道婆只要晚起片刻，婆母便斗鸡似的赶过来，扯她头发，用力揪耳朵，罚她不准吃早饭。下地干活时，长时间的劳作让黄道婆累得直不起腰，在田间地头歇息一会儿，婆母提着棍子就来，对她一顿痛打。

秋天到了，凉风长成了寒风。黄道婆想将夹衣翻成暖和的棉衣。婆母却塞给她一捆稻草："先搓绳，等到落雪再翻衣不迟。"天气一天比一天冷，雪，棉絮般纷纷扬扬飘落下来。尖酸刻薄的婆母早已穿上了新棉衣，黄道婆冷得发抖，刚想动手翻棉衣，婆母又不乐意了，把几笕筐棉花堆在她跟前："下雪不及化雪冷，不必急着翻衣，先剥棉花。"数日后，冰雪初融，黄道婆赶紧去翻棉衣，婆母又喝止道："看，太阳都出来了，暖着呢，用不上棉衣了，你别借机犯懒。"

黄道婆不敢忤逆婆母，终日挨饿受冻，浑身长满冻疮，又痛又痒。冻疮溃烂时，一寸寸皮肤触目惊心。

她活得委屈、隐忍，逆来顺受，婆母还是讨厌她，容不下她。黄道婆 16 岁那年，公婆在院子里密谋，说黄道婆出身不好，克死双亲，又好吃懒做，想将她卖到妓院去。这话被邻居三婶听了去，以为是气话，说说而已。

岂料，有一天，三婶上街时，竟看到婆母与妓院的老鸨商定卖身价格，要把黄道婆高价卖掉，用这笔钱重新给儿子找一门好亲事。

三婶于心不忍，偷偷把这桩肮脏的交易告知黄道婆。"可怜的孩子，这个家你待不住了呀，尽快想法子逃吧！"三婶指点黄道婆。

黄道婆吓得腿抖，她不堪受辱，不想再任婆母摆布，趁着婆母外出，慌张出逃，逃到波涛翻滚的江水边。婆母很快就会发现她逃跑了，定要派人来追。她没有退路了，但眼前也没有摆渡船。

黄道婆焦心如焚，来回踱步。幸亏在天黑前，一艘客船路过，把她送到了对岸。两地相距不远，只隔了一条江，黄道婆还是害怕被婆母找到被卖到妓院去，更不敢逃回娘家，

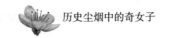

家里的亲人怕是早被婆母问候过了。她在那边隐姓埋名，过了一段胆战心惊的日子。但此地终非久留之地，她必须继续逃亡，却不知该逃往何处。

一天早晨，风清雾散，黄道婆路过江边，一条商船眼看就要起锚出海。她顿时生出一个主意，扑通一下跪在船主跟前，哀求送她一程。船主愕然："姑娘，想是不顺路。这一趟，我们要到千里之外的崖州。"[①] 黄道婆心想，逃亡千里，隔着千山万水，婆母纵有三头六臂也找不到她了。情急之下，她对船主撒了个谎："我孤苦伶仃，正要去崖州投奔亲戚。求您大发慈悲，载我一趟吧！"船主信以为真，请她上了船。

这是一趟漫长的旅程，多少次日落月升，多少次风刀雨剑，黄道婆终于到达了充满未知的崖州。

她借居在水南村，靠双手劳作，养活自己。这里山海明

————————

① 今海南省三亚市。

媚，没有毒打，没有辱骂，不用提心吊胆。邻里和睦相处，生活清贫清静。

一年后，黄道婆在村民的撮合下，嫁给了外村一名姓宋的男子。丈夫为人敦厚，公婆以笑迎人，他们都待她不错，婚后的日子幸福安稳。

可惜的是，这样的日子过分短暂。短短数月后，丈夫突发身亡。黄道婆悲恸欲绝，以泪洗面，面色红润的少妇变成了脸色苍白的寡妇。

丈夫去世后，公婆对她的态度急转直下，动不动就骂她克夫，一个无痛无灾的人活生生被她克死。

那个雨天，宋家人无情地把黄道婆赶出了家门。清官难断家务事，周围的人探头出来看热闹，却无一人敢上前劝阻。

黄道婆边哭边跑，跑着跑着便迷了路。

等到雨停了，天也黑了，她不知要往哪里去。恍惚间，道观钟声响起，黄道婆循声而去。大门半掩，一位师太坐在

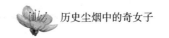

里面诵经。黄道婆怕惊扰师太，蹑手蹑脚地走了进去，蜷缩着坐在地上。她困累交加，伴着诵经声睡着了。

不知过了多久，黄道婆被师太轻轻摇醒，问她在此作甚，为何不回家去。黄道婆回想起这些年的伤心事，父母早逝、当童养媳被欺凌、差点被卖做妓女、千里逃亡、丈夫早亡、被婆家赶出家门……她放声大哭起来。师太同情她的悲惨遭遇，连声叹气，好心收留了她。

从此，黄道婆出家为道人。这，就是"黄道婆"名字的由来。至于她原本的名字，早已无从考究。

学习技艺，思乡情怯

在道观的日子，黄道婆每天砍柴做饭、打扫庭院、朗诵经文，生活重归平静。那是颇有些看破红尘的平静，她不再考虑男欢女爱之事。

一日，道观里来了一位中年妇女，是师太的亲友。黄道婆接待她时，瞥见她身上穿着一套五彩缤纷的衣衫，好奇地上下打量一番。妇人是黎族人，崖州盛产棉布，而黎族妇女擅长纺纱织布，因而能穿着色彩艳丽的衣衫。说到纺织，黄道婆忽而想起了从前辛苦剥棉籽、深夜织布的情景，但她从来没有织出过这么鲜艳夺目的布匹，很想看看黎族人是如何织布的。

和善的师太看出了黄道婆的心思，"你还年轻，去长长见识也是好的。"

黄道婆欢欢喜喜地跟随黎族妇女，深入黎族百姓的生活。在那里，她看到了一片全新的天地。黎家姐妹一个个热情好客，心灵手巧。她们织出了五颜六色的衣裳，织出了色彩斑斓的花被，灵活巧妙地运用色彩与图案的搭配。

黄道婆摩挲着美丽的棉布，爱不释手。她要留在这里，学习黎家姐妹的纺织技法，与黎家姐妹一同劳作，同吃同睡。

长久的相处，让黄道婆和黎族妇女结下了深厚的友情。

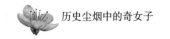
她们坦诚相对，互帮互助。黄道婆每日种棉、摘棉、轧棉、纺纱、染色、织布，乐此不疲。日出而作，日入而息，生活工作规律有序。

她努力学习棉纺织技艺，但偶尔抬起头来，看着高天流云，看到大雁往北飞去，思乡之情油然而生。

家乡的亲人过得好不好？原来的婆母有没有找他们麻烦？南宋气数已尽，战火有没有烧到乡里？家乡的白玉兰开得是不是如往年那样多、那样香？大雁不能给她答案，答案只能在她的想象里。

也曾想过寄出一封封饱含思念的家书，但烽火连天，书信难至。要是不小心让凶巴巴的婆母知道，恐怕还要加倍为难故土亲人。罢了，罢了！思乡情怯的黄道婆，把缥缈无边的思念纺进衣衫里，酿进米酒里。

时光不老人易老。这样的日子，一过就是30年。

30年，足以让一位云鬟如瀑的年轻女子，变成两鬓斑白的暮年女人。也足以令一个人在技艺上发生翻天覆地的巨变，黄道婆从黎族妇女那里学到了一套完整的棉纺织加工技术，技艺娴熟，无人能及。

元朝元贞年间的一个春天，黄道婆来到地里种植棉花，她低头弯腰，细致工作。

突然，身旁的黎族女子拍了拍她，"黄道婆，你快看呀——天上的鸟儿飞得多整齐！真好看啊！"

黄道婆仰头一看，是熟悉的大雁。春暖花开，大雁北飞。成群结队的大雁像训练有素的士兵，笔直地向北飞去。黄道婆从来没有见过这么多的大雁，一只大雁就是一缕相思，一大群大雁便是一份浓得化不开的思乡之情。

人老念旧，黄道婆年纪大了，远离乡井的她，太想落叶归根了。

想着念着，她移步到了海边。这里的山与海，她看过无数遍。从未像今天那样，让她心情激荡。

她幸运地看到了一条海船，赶忙上前打听。商船即将往北开去，途经松江府乌泥泾。黄道婆大喜，回去收拾行囊，

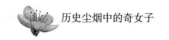

告别黎家姐妹，乘船离开了温暖迷人的崖州。

再次乘船远航，端详海上风浪，黄道婆已经50岁了。当年孑然一身前往崖州，现今归去依旧孑然一身。只有沉甸甸的经历和思绪，压上眉间，压在心头。

睡在船上，故土故人夜夜入梦。梦里的乡亲邻里，全是旧时的模样。

事实却是，历经多年战乱和改朝换代，黄道婆娘家的所有亲人都已先后离开人世。有的走得悲惨，有的走得安详，室迩人遐。村里的人她都不认得了，儿童相见不相识。只有那几棵白玉兰傲然挺立，比当初更高更强壮。

黄道婆垂泪叹气，沿着老路，小心翼翼地走向从前的婆家。村里人告诉她，婆母的一家老少跟部分村民一样，全在战乱中丧生。

唯一令人欣喜的是，当年助她逃亡的邻居三婶还活着。

改进技术，造福百姓

三姊迈入了古稀之年，生活比从前更艰难。据三姊说，整个乌泥泾的老百姓都生活在水深火热之中。

原来，乌泥泾的土地肥力不足，粮食产量低下。百姓们为了填饱肚子，转而大量种植棉花，纺纱织布，换钱买粮。长期以来，当地人民都是靠手工，一颗颗去掉棉籽。然后用竹片和丝弦制作成简陋的弹棉花工具，分离出可供纺纱用的棉花。方法粗陋，生产效率低下。过去，百姓通过种植棉花纺纱织布，大多只能勉强糊口度日，手中鲜有余钱。朝代更迭后，官府设立"江南木棉提举司"，征收棉布和税收。百姓日夜操劳，吃不饱，穿不暖，有苦难言。

黄道婆在家乡走了一圈，发现地里果然种植了大量的棉花，但农民们却缺衣少布，衣着破烂。黄道婆在崖州生活过三十多年，深入接触过黎族人民的纺织业，知道种植棉花可使百姓丰衣足食。乌泥泾之所以会这般贫困艰苦，主要原因

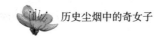
是，这儿的纺织业技术太落后了。

心善灵巧的黄道婆不忍看着乡亲们过苦日子，不顾年老体衰，决心致力于改革落后的棉纺织生产工具，毫无保留地将自己的织造技术传授给家乡百姓。

她首先要做的就是在黎族人先进的纺织业经验上改进技术，对纺织工具进行全面的革新。黄道婆日夜钻研，反复试验。

脱棉籽，一直是棉纺织的一道难关，人们只会用手指头挨个剥棉籽，耗时耗力。黄道婆创造了一种新的擀籽法，她教乡亲们拿一根光滑的小铁棒或者小木棒，把从地里采回的籽棉放在平坦的石块上，用棒子擀挤棉籽，一下子就能擀出七八个棉籽，提高了七八倍的效率。但黄道婆还是觉得太慢了，应当更快一些。

她琢磨着如何继续提高脱棉籽的效率，不知不觉间路过了木匠家，木匠的媳妇向她招手，"黄婆婆，进来喝杯茶吧！"邻里乡亲感谢黄道婆教会他们新的擀籽法，对她颇为客气。

黄道婆走进门来，看见木匠在打造器具，一杯清茶尚未喝完，心里便有了主意。她在纸上设计出"木制手摇轧棉车"，用手转动机器，推动两根细长的铁棍来回滚动轧棉花。设计完成后，黄道婆就去跟木匠一起商量着制造第一台轧棉车。

制作很成功，木制手摇轧棉车用起来省力、干净、高效，是最快捷的脱棉籽方法。黄道婆分享推广轧棉车后，她自己也成了十里八乡的名人。在当时，这种轧棉技术比外国要先进几百年。

解决了脱棉籽难题，黄道婆又嫌传统的使用一尺来长的小竹弓来弹棉花的方式效率太低。她想改进这种工具，并有了初步的设想，找来弹棉花的匠人和木匠，一起详细设计改造弹棉花的工具。

黄道婆不辞劳苦，勇于尝试，终于研制出一种有 4 尺多长的木制绳弦大弓，弓弦由线弦改为绳弦，将手指拨弦变为

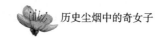

棒槌击弦。弹棉花的工效得到了极大的提高。

松江府的妇女用单锭手摇纺车纺织，一只手摇柄带动车轮转动，另一只手捻纱，一次只能纺一根纱。人容易劳累，纱线也容易断，产量偏低。这是最难突破的难关，黄道婆尝试了好几个新法子，都有明显的弊端，工具无法长久使用。

那日，黄道婆又想到了一个新方法，去跟木匠商议。说来也巧，木匠不在家。她急于得到结果，走去更偏远的地方，准备跟另一位木匠商量。

及至半路，黄道婆见到一位农妇在家中纺麻。元代以前，人们的衣服布料以丝绸和麻布为主。丝绸名贵，富贵人家才穿得起，平民百姓基本上都是穿麻衣。到了元朝，棉花种植普遍，老百姓的衣被逐渐以棉布为主。农妇家穷，还在穿麻衣。善良的黄道婆把身上所带的钱全给了这位农妇，她也从农妇那用于纺麻的脚踏纺车上得到了灵感。

黄道婆推翻了之前的设计，大胆创新，把这种脚踏纺车和单锭手摇纺车融合，改造成三锭脚踏纺车。脚踏的力度够大，操作起来省力，能腾出两只手握棉抽纱，还能同时纺三根纱，速度之快、产量之高，是世界上最先进的纺车。

到了这时，黄道婆已经制作出新的"擀、弹、纺、织"等工序所需要的最先进顺手的工具了。那些工具被快速推广开来，百姓受惠，不再缺衣少布，不再饥肠辘辘。

黄道婆精益求精，又致力于提高绣织工艺。据《辍耕录》记载，黄道婆想起黎族妇女那些色彩斑斓的纺织物，总结出"错纱、配色、综线、挈花"等织造技术，融入家乡的纺织技术上，让布料变得丰富，提升美感和竞争力。黄道婆悉心传教，把这些高级技艺一一传授给乡民，造福百姓。

于是，松江府出产的衣、被、带等棉织物，出现了其他地方所没有的折枝、团凤、棋局、字样等美丽图案，大受欢迎，驰名全国。松江地区的布匹赢得了"松郡棉布，衣被天下"的美誉。元朝诗人曾写诗赞美松郡棉布："崖州布被五色缫，组雾纫云粲花草。片帆鲸海得风口，千轴乌径夺天造。"

凭借着纺纱织布，百姓的生活好起来了，黄道婆心满意

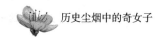

足。人们感激和尊敬黄道婆，特意编了一首歌谣，整个乌泥泾的人都会唱："黄婆婆，黄婆婆，教我纱，教我布，两只筒子两匹布。"

伴随松郡棉布流向全国各地，打响名声，黄道婆也名扬天下了，成为著名的棉纺织专家、技术改革家。

公元1330年，邻居家的小姑娘按照母亲的吩咐，给黄道婆送来一碟香软甜糯的糖糕。但黄道婆已无福消受了，她静静地躺在床上，任凭小姑娘怎么叫喊都纹丝不动。

黄道婆85岁，无疾而终。她没有好的出身，前半生命途多舛，所幸度过了安定平静、富有意义的晚年。她是令乡亲们丰衣足食的恩人，许多人前来吊唁。大家主动集资，怀着沉痛的心情，为黄道婆举办了得体的葬礼。

后来，人们在她的出生地修建了纪念祠堂，起名为"先棉祠"，尊奉她为"先棉神""织女星"。她的死讯传到了崖州后，当地乡民感念长达三十多年的情谊，以及她对纺织业做出的贡献，也为她立祠奉祀。每年农历四月初六，乡民接踵而来，祭祀黄道婆，表达对她的崇敬与怀念，他们把这天视作"黄道婆的诞辰"。

　　善良灵巧的黄道婆已经仙逝，但她的影响力长存，她改良创造的纺织技术仍被广泛推广与应用。松江府乃至整个长三角地区，一跃成为全国著名棉花种植基地、棉布纺织中心，数百年间，长盛不衰，推动长三角地区的崛起。黄道婆运用先进的技艺，改善了当地人民的生活，促进了棉纺织业的高速发展，还对明清时期江南的经济繁荣产生了深远影响。

第十三卷

民间女厨师宋五嫂：坚强勤劳的脍鱼师祖

北宋时期，东京是北方最大的商业文化中心，也是中国历史上最繁华的都市之一。商铺林立，酒楼茶肆多不胜数。中国古代十大名厨之一宋五嫂，就曾在东京开设鱼庄，生意红火。

山河破碎后，宋五嫂从北方逃难至南方。迫于生计，她重开鱼庄，却经营惨淡。宋五嫂毫不气馁，先后研制出新品菜式醋溜鱼、宋嫂鱼羹，大受时人欢迎。宋高宗赵构在乘龙舟游西湖时，下船吃过宋五嫂所做的鱼羹，赞不绝口，送上赏赐，泼墨题字，令"宋嫂鱼羹"名声大噪。敢于创新的宋五嫂赚得盆满钵满，她被奉为"脍鱼师祖"，成为勤劳致富的典范。她所创制的醋溜鱼和宋嫂鱼羹，流传了八百多年，仍是备受赞扬的佳肴。一代坚强勤劳女厨师的事迹，被记载在《武林旧事》《枫窗小牍》等。

宋五嫂中年以后凭借双手时来运转，早年间却经历坎坷，家破人亡，开鱼庄做生意期间还遭奸人迫害……

国破家亡，再开鱼庄

宋五嫂，出生于北宋时期，北宋京师东京[①]人。

她从小跟别家的小姑娘不太一样，不会做针线活，喜欢到厨房转悠。十一二岁时，她的厨艺就远超父母，最擅长烹饪鱼菜。因为家贫，被送到当地姓袁的大户人家当女仆。

根据《枫窗小牍》记载，宋五嫂在袁家专司厨膳，烹得一手好鱼羹，主人家对她很满意。

后来，宋五嫂嫁给了东京的一位酒家老板，成了酒家妇。丈夫姓宋，排行第五，大家便唤她作"宋五嫂[②]"。

刚结婚时，丈夫的生意还不错。过了两年，周围的酒家多起来了，生意越来越不好做。两人的儿子出生不久，一家

①　今河南省开封市。
②　真实姓名不详。

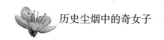

人的生活过得紧紧巴巴。

母爱就像是与生俱来的，再苦不想苦孩子。宋五嫂提出转行，做别的营生。她擅长做菜，做的鱼食分外好吃，打算开一家鱼庄。丈夫没有别的主意，事情就这么定下来了。

在繁华的东京，宋五嫂凭借一道道美味的鱼菜、亲切的待客之道，使鱼庄生意红火，宾客如云。

一日，鱼庄迎来了一位特别的客人。他气质华贵、衣着华丽，正是宋徽宗的第九子、宋钦宗的弟弟康王赵构。宋五嫂很有眼力见儿，从衣着配饰和左右随从隐约察觉出他是皇家的人，对其毕恭毕敬。赵构好吃鱼羹，听下人说过宋嫂鱼庄的美名，特来品尝一番。

宋五嫂到厨房一阵忙活，端出一碗香气扑鼻的鱼羹。赵构先闻后吃，大赞："肉质鲜嫩，可口美味，果真名副其实！"

赵构欣赏宋五嫂的厨艺，亮明身份，问她是否愿意进宫当厨娘。宋五嫂到底是在大户人家当过仆人，明白越光鲜富贵之地，规矩和约束越多。她笑着谢过赵构的美意，婉言拒绝："奴家一介民妇，见识粗浅，不懂宫中规矩，担不起皇家的厚爱。就让奴家留守在这市井之中，日日期盼王爷再度光临小店。"

赵构开怀一笑，也不勉强，表示日后有空，定然再来此处食用鱼羹。

有些事，当时只道是寻常。谁料，这一天，永远无法到来了。

1127 年 3 月，北宋发生"靖康之难"，金国铁骑汹涌而来，屡屡得胜，攻破都城东京，掳走宋徽宗、宋钦宗二帝，北宋灭亡。

许多昔日生意兴隆的店铺被抢劫一空，宋五嫂的店也不能幸免。她含泪目睹鱼庄被金兵砸烂烧毁，抢走店内所有的钱。

丈夫在哀求金兵留下一些钱财养育妻儿时，被金兵愤然怒杀，倒在宋五嫂面前……

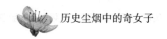

国破家亡，城里到处都是尸体，哭声不断。宋五嫂流着泪，抱着儿子，不知何去何从。

迷茫之时，她听到了一件重要的事。徽、钦二帝虽已被掳，但康王赵构因当时不在都城，侥幸逃过一劫。他在旧臣的拥护下，登上帝位，建立南宋朝廷。父兄被俘，赵构愤怒又无奈。此时的大宋绝对无法与金国抗衡，他不想再消耗国力，反对出兵抗击金兵。

但金国不会因为对手不想战而停止进攻，他们步步紧逼，试图赶尽杀绝。赵构依然不愿反抗出战，选择带领朝廷大臣和部分百姓，南下逃亡。

留在东京已无活路，宋五嫂毅然领着儿子追随赵构南逃，从此远离故土。

几经波折，舟车劳顿，赵构来到了南方，定都临安府。

在战乱的古代，一个寡妇带着孩子流落异乡，想要扎根生存下来，不是一件容易的事。宋五嫂来到临安府后，每天都在为生计发愁。

据《武林旧事》记载，南宋时期，临安府地处偏远，不受金军影响，商业发达，万物俱全。

宋五嫂经过一番考察，发现临安近海，海中和西湖里盛产各种鲜鱼。这里的男女老少也都喜爱吃鱼，她便想重操旧业，再开鱼庄。

开店，选址非常关键。宋五嫂观察数日，决定把鱼庄开在断桥附近。达官贵人、商贾富豪都集中居住在西湖一带。西湖边游人众多，断桥上人来人往。她很有信心，鱼庄开在此处，一定能赚到钱。

能不能赚到钱都是后话，当前最要紧的是凑足开鱼庄的本钱。经历金军的洗劫，加之长途跋涉来到临安落脚，宋五嫂身上的钱早已所剩无几。她忍痛割爱，变卖丈夫送她的首饰，只留下一支定情发簪。

然而，宋五嫂所选的地段租金较贵，钱还是不够。她又咬牙把定情发簪卖掉才凑足了钱，租下店铺后，坐在西湖边上，放声大哭。传说，宋五嫂哭声悲切，湖里不少草龟先后

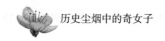
露出水面，仿佛在安慰她。

鱼庄开好后，宋五嫂本以为，凭她的手艺，生意肯定能像在东京时那般好。但事与愿违，开业后，除了几个同她一块逃难至此的旧京人，鱼庄鲜有人光顾。

宋五嫂不明所以，她做鱼的水准明明没有下降，为何生意冷清？宋五嫂带着疑惑，潜入各个酒楼饭店观察，又走访当地的食客。她终于弄明白鱼庄生意不好的原因了！

南甜北咸，东辣西酸。各个地方的人口味不一样，鱼庄开在不同的地方，味道自然要有所改变，得迎合当地人的口味。为了最大限度地满足更多的顾客，既符合本地人的口感喜好，又令南下的北方人满意，宋五嫂决定结合南北口味，对菜式进行创新。

发明新品，遭人忌恨

她一遍遍不知疲惫地尝试。

一段时间后，宋五嫂发明了新品，烹制出一道全新鱼菜——醋溜鱼。选用草鱼，重不逾半斤，鱼长不过尺，以醋为主要佐料，辅之以萝卜丝、生姜、大蒜、白糖、盐等。将草鱼去鳞洗净，在鱼身划拉几刀，用盐腌制片刻，再用油炸熟，继而将生姜、大蒜炒香，配以醋、糖水，勾芡调汁，浇在鱼上，便可食用。

醋溜鱼色香味俱全，酸甜炸香。新品醋溜鱼推出后，吸引众多食客来品尝。好味道，口口相传，鱼庄生意有了起色。宋五嫂用一道醋溜鱼解决了生意困境，而这道菜在数百年后，还成为江浙地区的传统名菜。

不久，一批又一批北宋旧臣投奔赵构，一群又一群北方难民涌向临安府。这些难民当中，不乏旧京厨师与饭店酒楼老板。他们来到临安后，继续从事从前的行当。

根据《武林旧事》记载，南宋初期，东京厨人在临安府开设的饮食店多达数百家，包括酒、糕点、面食等方方面面。临安本地本就有大量饮食店，加上东京厨人开的店铺，

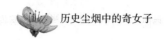

使得餐饮界竞争激烈。

其中，宋嫂鱼庄的生意最为火爆。她不再为银子发愁，招收的伙计也变多了。可宋嫂鱼庄的迅速崛起，却遭到了他人的忌恨。

相传，在同一条街上，还有另一家鱼庄，叫"西湖鱼庄"，老板姓王，本地人，外号"王霸天"。原本，西湖鱼庄在当地小有名气，自从宋嫂鱼庄推出醋溜鱼红火起来后，西湖鱼庄的生意越发冷清，门可罗雀。王霸天气不打一处来，觉得宋五嫂抢走了他的食客，断他财路。

每天，王霸天看着客人都往宋嫂鱼庄走去，气得牙痒痒。有一天，西湖鱼庄好不容易来了两位顾客，结果第三位客人路过时，正好认识里头的两人，遂对他们说道："听闻宋嫂鱼庄味道更佳，何不一同前去？"两位顾客便又起身离开了。

王霸天气疯了，鱼庄打烊后，就带了一帮人跑到宋嫂鱼庄闹事。他骂宋五嫂区区一个小娘子也敢抢他家的生意，不知死活。

宋五嫂认为他无理取闹，做生意各凭本事，自家生意不好，不能怪到别人头上。到此大吵大闹不能让客人回头，回家多琢磨新菜式方是正途。

王霸天正在气头上，听不进任何道理，他直截了当地给宋五嫂下达命令，要求她关店离开临安府。"好生霸道的狂徒！"宋五嫂也怒了，愤然起立，"我不关店，奈我如何？"

王霸天冷笑一声，命手下动手砸烂宋五嫂店里的物品。宋五嫂在东京时不是没见过大场面，深知店大之后偶有泼皮无赖上门找碴儿。她不甘示弱，早有准备，扬手一挥，店内冲出十几名身强力壮的伙计。王霸天带来的人不敌宋五嫂的伙计，不一会儿就被打得头破血流，抱头鼠窜。

宋五嫂长舒一口气，脸上却无喜悦之情，总觉得王霸天不会就此罢休。

果不其然，没过几天，宋五嫂正在鱼庄忙前忙后时，一名伙计火急火燎地冲进来。原来，伙计在买鱼时，听卖鱼的

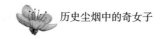

说，有人看见一个孩子在走去学堂念书途中被人劫走了。伙计好奇地打听了一下，那路段、那孩子的模样，种种迹象表明，被劫走的就是宋五嫂的儿子！

宋五嫂惊慌不已，赶紧跑到学堂，发现儿子果然不在。儿子是她的生命之柱，也是她的软肋。她慌不择路，在学堂附近乱找一通。

冷静下来后，宋五嫂想到劫匪很可能是王霸天。在这偌大的临安府，她只跟王霸天有过过节。于是，领人去找王霸天算账。

王霸天居然很痛快地承认了，要宋五嫂跟他赌一局，无论输赢都会放她儿子回去。只不过，宋五嫂若是输了，必须离开临安，此生不得再回。

宋五嫂不清楚他葫芦里卖的什么药，便说自己只会做菜煮鱼，素来不懂赌局。但王霸天就要赌做鱼，他给宋五嫂出了一道难题："给你一天时间，把一条鱼煮熟了，再让它活过来。"

鱼死不能复生，这无疑是强人所难，伙计们都劝宋五嫂别上当。宋五嫂自有主张，沉默片刻，爽快答应下来。

那一刻，宋五嫂并没有赢的把握，但她认定那是唯一能救出儿子的法子。

王霸天满心欢喜，以为总算能把宋五嫂赶走，特意放出赌局消息，到时好让宋五嫂当众认输，远离临安，无法反悔。

为应对王霸天设的赌局，宋五嫂在厨房里对着一条鱼，一夜无眠。

次日，民众把宋嫂鱼庄围了里三层外三层，人头攒动，都想一睹宋五嫂如何把一条鱼煮熟又让它活过来。

王霸天得意扬扬地坐在店内，胜券在握。有意思的是，宋五嫂也是一副胜券在握的模样，浅笑着对围观群众说："若我有幸今天赢过王霸天，还望各位客人在街坊邻居跟前替宋嫂鱼庄美言一番。"民众们立刻起哄，期待着宋五嫂出手。

只见她快速从水缸里取出一条活鱼，拿起菜刀，瞬间就

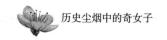
把鱼鳞剔除干净。接着，她手起刀落，把鱼开膛破肚，清除内脏。用一块湿布包住鱼头，把鱼身缓缓放置水中。不到片刻，就把鱼捞出锅，装盘。

王霸天凑近一看，仰天大笑，"宋五嫂，你输了，这分明就是一条死鱼！"

宋五嫂却不紧不慢地端来一壶酒，笑吟吟地说道："王老板莫急，我这就让鱼活过来，并让它像人那样喝酒。"说罢，宋五嫂用酒在鱼眼上轻点几下。

神奇的事情发生了，鱼的眼睛竟然转动起来了！宋五嫂再把酒壶里的酒慢慢倒进鱼嘴，奇迹又出现了，鱼眼转动的同时，鱼嘴不断张合，仿佛真的在喝酒。

"鱼活过来了！"众人无不惊叹，当场请教缘由。

宋五嫂大方分享个中奥妙，未经烹制的鱼头留有活气，经酒一激，它的眼睛和嘴巴就会动起来。人们纷纷鼓掌称妙。

王霸天输了赌局，恼羞成怒，竟出尔反尔，不愿交还宋五嫂的儿子。

这回，宋五嫂不再惊慌。她早就猜到王霸天这样卑劣之人，不会信守承诺。在确认是王霸天劫走孩子后，宋五嫂为了让他放松警惕，拖延时间，故意答应赌这一局。回去后，她偷偷上报官府。官民合作，兵分两路。宋五嫂拖住王霸天，官府则悄悄逮捕了王霸天的手下，顺藤摸瓜找到了宋五嫂的儿子。

衙役把宋五嫂的儿子送了回来，把王霸天捉拿归案。

这场赌局，让更多人见识到宋五嫂的做菜技艺和奇思妙想，生意比以前更上一层楼。

一代帝王，一代名厨

宋五嫂在临安府一待就是数十年，她勤勤恳恳，乐于创新，店里常有新菜式出现，又保留经典菜式，使宋嫂鱼庄长盛不衰，屹立不倒。

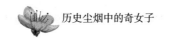

1162 年，赵构把皇位禅让给养子赵昚，当上了太上皇，于德寿宫颐养天年。

1179 年春天，赵构心血来潮，乘坐龙舟，游赏西湖。《武林旧事》里有一笔这样的记载："宋高宗赵构登御舟闲游西湖，命内侍买湖中龟鱼放生。"就在放生龟鱼时，温暖的春风吹过，除了飘来阵阵花香，还夹杂着一种食物的特殊香气。

赵构愣愣地站着，发觉那股特殊的香气是从断桥那边传来的。香气格外诱人，且有种熟悉的感觉。许是回忆太深远，赵构苦苦思索也没有头绪。

随行的官员及侍从看到赵构一副陶醉又困惑的表情，不得其解，不敢多问。大家大眼瞪小眼。

还是跟随赵构多年的老太监打破了僵局，小声问太上皇是否困乏了，不如回船内歇息，乘船回宫。赵构连连摆手，反问诸位可有闻到从断桥传来的香气，能否说出香气的来历。

一位本地官员恰好是宋嫂鱼庄的常客，他一闻就认出这是宋嫂鱼庄里鱼羹的香气。

好吃鱼的赵构，正好多日未吃鱼了，便想去吃一碗鱼羹解馋，带上三四个随从，下船直奔宋嫂鱼庄。

时隔52年，赵构和宋五嫂又见面了。再次相见，两人都老了，身份也有了巨大的转变。赵构早已成了一代帝王，宋五嫂也成为一代名厨。

宋五嫂没有忘记赵构的迷人风采，即便他不再是二十出头的翩翩少年郎，但周身的气派不减当年。宋五嫂依稀认出了他，只是不敢声张，更不敢相认，以老迈之躯钻进厨房，亲自为赵构烹饪鱼羹。

这是经过多次改良的鱼羹，宋五嫂把鳜鱼剖杀清洗后，蒸熟，剔去皮骨，加入鸡汤、黄酒、火腿、香菇、竹笋末、生姜等作料，用大火煮一炷香时间。鱼羹出炉后，色泽黄亮，香味四溢。

赵构端起来轻轻一闻，便觉清香舒爽，一口一口细细品

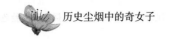

咂，忍不住赞叹："宋五嫂不简单，名不虚传。鱼羹鲜美嫩滑，味似蟹肉。真佳肴也！"

吃着吃着，往事逐渐变得清晰起来，赵构想起了当年在东京曾品尝过类似的鱼羹。

他不由得侧过身去看宋五嫂："这鱼羹与我在旧京时吃到的颇为相似，但滋味更佳。宋五嫂是哪里人呢？"宋五嫂听到这话，心里一阵激动，向赵构道了个万福，回答道："老身乃东京人氏，当年追随太上皇到临安府，已有五十二个春秋了。"赵构微微吃惊，感觉宋五嫂像一位故人。

故人相见，分外动容。宋五嫂把当初赵构来店里吃鱼羹的事原原本本地说了出来，又说到她如何追随赵构逃难至此，重开鱼庄。赵构大为感慨，宋五嫂两度开店，他两次都来品尝鱼羹。宋五嫂曾是青丝红唇的少妇，如今已是满头银丝的老妪，但她对大宋的一片忠心，对做鱼的一片诚心，经久未变。

一碗旧京味，一种故国情。赵构当即下令，赏给宋五嫂金钱十枚、纹银百两、彩缎百匹。宋五嫂受宠若惊，叩首致谢。赵构又问："此等美味鱼羹可有名字？"宋五嫂摇摇头，"鱼羹就是鱼羹，还需有什么名字？奴家乃乡野村妇，岂懂文雅之事！"

赵构略微思考，现场为她挥毫题字，把鱼羹取名为"宋嫂鱼羹"。宋五嫂开店多年，不会不明白这幅题字意味着什么，千金难买，乃无价之宝，连忙惶恐伏地跪谢隆恩。

得到了九五之尊的赏赐，宋嫂鱼羹远近闻名，食客源源不断，达官贵人、黎民百姓都来享用。宋嫂鱼庄的顾客实在太多，常常需要排队抢购。

《武林旧事》里有这样的描述："人竞市之，遂成富媪。"宋五嫂靠做鱼菜，赚得盆满钵满，成为临安府有名的女富商，凭着醋溜鱼、宋嫂鱼羹这两道名菜，成功跻身"中国古代十大名厨"，被奉为"脍鱼师祖"，是著名民间女厨师，获得了圆满的人生结局。

在宋五嫂去世半年后，很多地区争相仿制宋嫂鱼羹。

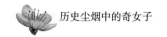

"宋嫂鱼羹"变成了当地传统风味名菜。在宋五嫂去世四百多年后，明朝著名文学家冯梦龙把她的故事写进了《喻世明言》，并留下诗评："一碗鱼羹值几钱？旧京遗制动天颜。"在宋五嫂去世八百多年后，她创制的醋溜鱼和宋嫂鱼羹，仍是备受赞扬的美味佳肴。这些食物，承载了宋五嫂坚强勤劳的精神品质，也承载了一份特别的故国旧乡情，将代代相传下去。

第十四卷

奶茶创始人文成公主：刚柔兼济的和蕃公主

和亲政策，始于汉朝，被选中的公主需远嫁异国，进行政治联姻。在众多的和亲公主中，唐朝的文成公主是标杆式的人物，被人们千年歌颂。

文成公主丰腴美丽、知书达礼、性格坚毅，嫁到吐蕃当上王后，开创唐蕃交好新时代。她从未展示争夺权势的野心，却巧妙地参与到吐蕃的社会发展之中。她发明了奶茶、酥油茶，是"奶茶创始人"，促进茶马互市，对后世影响深远。她还对吐蕃的农业、经济、政治、军事、建筑、文化等多方面，作出重大贡献，深受藏民拥戴。她促使汉藏两地文化交融，贸易往来，友好交往，两百多年间，两国的使臣和商人往来频繁，吐蕃凡有新王即位，也必请唐朝天子"册命"。

文成公主的故事，记载在《旧唐书》《新唐书》《贤者喜宴》《敦煌吐蕃历史文书》《吐蕃王朝世系明鉴》，以及壁画、藏戏、民歌和传说中，广泛传播。在藏地，她被认为是绿度母菩萨的化身，救苦救难、悲悯众生，是智慧、财富、美貌、忠诚的象征。

　　据史书所载，吐蕃君王松赞干布对她一见钟情，为她建造宏伟的布达拉宫。可他当年求娶文成公主却相当不易，竞争激烈，唐太宗给各国求婚使者出了七道难题……

大唐"七试婚使"，公主远嫁吐蕃

文成公主，出生于 625 年，唐朝宗室女。

父亲是江夏郡王李道宗①，李道宗是唐高祖的堂侄，与唐太宗是平辈兄弟，因立下战功被封为任城王，女儿就在任城出生。文成公主出生时便是个美人坯子，天庭饱满，粉雕玉琢，亲人们争相把她抱入怀里亲昵地逗哄。

那时，在遥远的雪域高原上，出现了一位非凡的少年松赞干布。他慢慢长大，文武双全，精通骑射、击剑、角力，善于吟诗、歌声嘹亮。13 岁时，父亲去世，松赞干布继承赞普之位。据《新唐书·吐蕃传》记载："其俗谓强雄曰赞，丈夫曰普，故号君长曰赞普。"赞普表示"王"的意思。

---

① 正史中没有记载文成公主的出生地、父母和名字，父亲为李道宗一事是后世史学家根据史书作出的推测。

松赞干布少年老练，胸怀天下，他急剧扩张领土，一步步统一西藏，正式建立吐蕃王朝，迁都逻些。征服了尼婆罗国后，松赞干布娶回了尼婆罗王的女儿尺尊公主。但他不满足于此，还想与大唐王朝联姻，建立友好邦交。

经过大臣们的推荐，唐太宗选中了李道宗的女儿，把饱读诗书、丰腴端庄的李氏册封为"文成公主"，承担和亲重任。

640 年，吐蕃的大论^①禄东赞以黄金 5000 两及宝玩数百件作为聘礼，率领请婚使团，意气风发前往都城长安。也是凑巧，大食、天竺、霍尔王、仲格萨尔等四国，也在此时派遣使者来长安请婚。

贤良淑德的文成公主只有一位，唐太宗不想厚此薄彼，决定让各国请婚使者比赛招亲。胜出方，可娶文成公主。

根据部分藏地文献记载，唐太宗一共出了七道难题，史

---

①　大论，吐蕃的官职，等同于宰相。

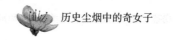

称"七试婚使^①"。

第一试：绫缎穿九曲明珠，要求把一根绫缎穿过明珠的九曲孔眼。绫缎柔软无比，九曲明珠的孔又细小，难度很大。其他国家的使者争先恐后地尝试，都没有成功。只有禄东赞不急于动手，坐在树下细细思考。突然，一只大蚂蚁爬到了他的衣服上，他计上心头，找来一根丝线，一头拴住蚂蚁的腰部，一头绑住绫缎。把蚂蚁放在九曲明珠的前端孔眼，又在九曲明珠的后端孔眼周边抹上蜂蜜。蚂蚁闻到蜂蜜的香味，带着丝线和绫缎顺利通过九曲明珠。

第二试：辨认100匹母马和100匹马驹的母子关系。其他求婚使者绞尽脑汁，按照马匹的毛色、高矮等外观来区分，往往不能全对。吐蕃是游牧民族，禄东赞熟悉牧马，巧妙地答出了这道难题。他将母马和马驹分开圈养一天一夜，不给马驹喝水进食。次日，把母马和马驹同时放出，饿极了

① 也有"六难婚使"和"五试婚使"之说，即分别比"七试婚使"少一道和两道难题。拉萨的大昭寺和布达拉宫的壁画上，详细地描绘了这段典故。

的马驹们都跑回自己母亲那里吃奶去了，难题迎刃而解。

第三试：鞣羊皮大赛。规定各国的 100 名求婚使者，在一日之内喝完 100 坛酒，吃完 100 只羊，并且把羊皮鞣好。别国使者都是先喝酒、吃羊肉，结果很快就醉倒在地，无力鞣羊皮。禄东赞则令使者们整齐列队，一边小口喝酒、小块吃肉，一边快速鞣羊皮，在规定时间内完成了所有事情。

第四试：集结为号，夜入皇宫。唐太宗通知各国使者，晚上听到鼓声后，会有专人请他们进宫。这听起来不像难题，禄东赞认定皇帝别有用意，他悄悄做了一手准备。果然，等到使者们来到皇宫后，唐太宗下令灭灯，请他们自己想办法回到住所。使者们对偌大的皇宫非常陌生，加上黑灯瞎火，大部分人都迷路了。只有在来皇宫时一路上做好了记号的禄东赞，顺利返回住所，赢得比赛。

第五试：辨认 100 根粗细相同的木根和木梢。在其他人一筹莫展时，禄东赞命手下把所有木根和木梢推入水中，树木根重梢轻，入水后自然根沉梢浮，一下子就辨别出来了。

第六试：又是母子关系辨认题，指认 100 只母鸡和 100 只小鸡的母子关系。但依旧难不倒禄东赞，他在地上撒了一把米，母鸡便呼唤自己的孩子来吃米。但并非所有小鸡都会乖乖回到母亲身边，有的小鸡可能不饿，也可能就是调皮。禄东赞擅长口技，模仿起鹰的叫声，小鸡们听到鹰叫声，吓得跑回母亲的羽翼下。难题就此解决。

第七试：辨认公主。唐太宗命文成公主与 300 名[①]宫女穿戴同样的服饰，看各国使者谁能最先指认出公主来。使者们都没见过文成公主，难以辨认。禄东赞却在接到试题后，一早买通了文成公主身边的一位侍女，得知了公主的容貌特征。她双眸有神、皮肤白皙、性格坚毅，最明显的特点是，颈部有一颗痣。所以，禄东赞不费吹灰之力就认出了公主。

禄东赞的聪明才智，让众人不得不服，唐太宗当即下令将文成公主远嫁吐蕃。

[①]　并非确切数字，也有 500 名、800 名、2500 名之说。

据藏地史料记载，文成公主嫁妆奢华丰厚："上赐公主嫁奁极丰，不可计量。"《吐蕃王朝世系明鉴》里详细记录了文成公主的陪嫁，包括释迦牟尼 12 岁等身像、360 卷经典、各种金玉饰物和绫罗绸缎、营造与工技著作 60 种、医方和医学论著一百多种、医疗器械 6 种，还有关于烹煮的著作、各种植物种子等等，随行人员里有一批技术人才、能工巧匠、一支乐队和专门服侍公主的 25 人侍女团队。

641 年 1 月，经过两个月的准备后，文成公主启程前往吐蕃。这是一条漫长惊险艰辛的出嫁之路，途经两千里荒无人烟的戈壁荒漠，翻越多座终年不化的雪山，渡过无数条大小不一的河流。有的地方气候条件极度恶劣，没有水喝，只能啃冰块解渴，还多次遭受野生动物的袭击。文成公主吃尽苦头，一度患上又痛又痒的皮肤病。可她意志坚强，咬牙挺过来了。历时三个多月，走过三千多里的路，终于来到了吐蕃都城逻些。

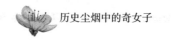

刮起一阵大唐之风，促进农业贸易发展

文成公主无疑是深沉睿智的，她是第一个到吐蕃和亲的大唐公主，心里的委屈、心底的失望，在面对吐蕃国王时，她一丝一毫没有表现出来。

相传，松赞干布对文成公主一见钟情。文成公主雍容华贵，巧笑情兮，举止端庄，气度文雅，松赞干布看到后心情激荡。据《贤者喜宴》记载，松赞干布欢喜之下，宣布为文成公主加冕，封她为王后。根据《敦煌吐蕃历史文书》记载，松赞干布后宫众多女人中，文成公主是唯一获得"赞蒙"尊称的女人，赞蒙代表王后。

据《旧唐书·吐蕃传》记载，松赞干布向文成公主许诺："我父祖未有通婚上国者，今我得尚大唐公主，为幸实多。当为公主筑一城，以夸示后代。"

布达拉宫，就是松赞干布为文成公主打造的宫殿。宏伟壮观，楼阁精美，共有 1000 间宫室。开凿池塘，种上花木。

整体风格仿照大唐宫苑模式，以慰公主思乡之情。

文成公主深受宠爱，却不迷失其中。和亲不是一桩寻常的婚姻，而是一项神圣的使命。她谨记和蕃公主的身份，想尽办法让两国避免纷争，友好相处。她亲自参与设计建造小昭寺，用来供奉她从长安带来的释迦牟尼 12 岁等身像。在这个过程中，引进汉族的建筑理念和建筑艺术，让吐蕃人耳目一新，渐渐了解接受汉地文化。

吐蕃处于高原地带，冬日严寒，常有风沙天气，所以藏地服饰以皮制袍衣为主，防风耐磨，衣服宽大，色彩单调。实用性强，但不太美观。

文成公主有意改进吐蕃的服饰，恰好松赞干布对她所穿的大唐服装仰慕不已。唐代服饰华丽多彩，大气飘逸，在某种程度上超越历代王朝。据《新唐书·吐蕃传》记载，松赞干布见唐朝服饰之美，自惭形秽。文成公主适时提出引进唐朝服饰风格，改造适合吐蕃人的华美衣衫。

松赞干布乐意至极，交由文成公主全权管理。公主贤淑

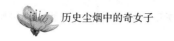

多才，提供纺织类著作，教吐蕃妇女提高纺织技术。在处理染色和图案方面，文成公主又拿出从长安带来的各种衣料两万匹，让藏民们参考配色与图样。

在文成公主的努力下，吐蕃人有了自制的配色浓艳、图案美观的纺织品，穿上了华美服饰。文成公主不忘亲自为松赞干布纺织唐装，松赞干布心生欢喜，主动向公主学习汉语，夫妻关系更为融洽。

有了松赞干布的支持，文成公主开始深入关注吐蕃的农业生产。

地处高原的吐蕃，以游牧经济为主，物产不丰富，农业种植技术落后，农作物产量低下。文成公主派出随嫁而来的大唐农业技术人员，向藏民传播生产技术。吐蕃人不懂耕犁技术，经过文成公主的倡导，吐蕃实行双牛耦耕。

文成公主把从大唐带来的各类农作物种子，分发给藏民播种，藏民感激涕零。据藏地歌谣唱道，文成公主一共带来了 3800 类 [①] 不同的粮食种子。

播种后，又教会藏民精心灌溉、施肥、除草等管理农作物的方式，还教他们如何防寒、排涝。如此下来，吐蕃人的粮食产量得到了极大的提高，丰收绵绵。文成公主还教他们使用水磨，把粮食加工成粉。《吐蕃王朝世系明鉴》记载："公主到了康地的白马乡，垦田种植，安设水磨。"

另外，吐蕃在饮食器皿方面原始落后，数量上不及大唐的万分之一。据《旧唐书·吐蕃传》记载："接手饮酒，以毡为盘，捻麨为碗。"吐蕃人直接用手捧酒喝，用毡做成简陋的盘子，用面食捏成碗，装上奶酪、肉羹等食物，进食时连碗一块吃掉。

文成公主决意带领吐蕃人制造多样化的器皿用品，从唐朝引进制陶技术。藏民们大开眼界。此外，文成公主还把酿酒、造纸、历算等传入吐蕃，促进社会发展。

---

① 歌谣在数量上有夸张的成分。

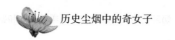

最为重要的是，文成公主引进了茶叶。

很长一段时间里，文成公主都无法适应当地油腻的饮食习惯，每餐必吃大量的牛羊肉，喝牛奶或羊奶。她长期消化不良，幸好出嫁时携带了多种茶叶，每次餐后都要饮用茶叶，排油解腻。待字闺中时，文成公主就喜欢喝茶，钟爱茶道。她饮茶的茶具俱全，烹茶手法娴熟。

文成公主已然成了在吐蕃具有影响力的大人物，藏民受她影响，茶文化在吐蕃盛行开来。长期吃肉的他们，意识到了喝茶的种种好处。藏地有一首民歌叫《公主带来龙纹杯》："龙纹茶杯呀，是公主带来西藏，看见了杯子就想起公主慈祥的模样。"记录了文成公主对于茶文化的有力传播。

最有意思的是，文成公主在饮茶之时，偶然发明了奶茶，成为"奶茶创始人"。

据《中国茶经》记载，有一天，文成公主用膳后，又要泡茶喝。茶是故乡浓，她不由自主地想起来遥不可及的故土亲人，黯然神伤。入藏多时，她早已成了半个吐蕃人，但骨子里仍流着大唐的血液。桌面上左边的一杯奶是吐蕃的特产，右边的那杯茶是大唐的特色，文成公主端起茶水倒入奶中，她觉得，这两者交融在一起，便是完整的她。让汉藏两地水乳交融，也是她身上肩负的使命。

文成公主忽而好奇奶与茶交融在一起的味道，浅尝一口，无比惊喜，茶的苦涩感没了，牛奶的奶腥味也消失了，不但解腻，而且口感丝滑，清香阵阵。这就是历史上的第一杯奶茶！

后来，文成公主在煮制奶茶时，尝试加入酥油、盐、松子，形成了滋味丰富的酥油茶。

文成公主大力推广奶茶、酥油茶，二者比纯粹的清茶更符合藏民的口味。长久下来，酥油茶竟成了藏民的生活必需品。

这就意味着，藏地需要从大唐源源不断地买入茶叶。文成公主成功促进了两国之间的贸易发展，在唐朝与吐蕃的往来贸易中，茶叶长期处于主导地位。茶马互市的景象，长盛不衰。

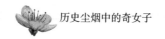

改变政治军事制度，加强汉藏文化交流

文成公主对汉藏两地的友好邦交作出了很大贡献，为吐蕃的子民带来了许多实实在在的好处。她在吐蕃有很高的声望，而她最聪明的地方在于，从不展现权势欲望，更不邀功谋求一官半职。

文成公主是刚柔兼济的女子，富有学识涵养，对丈夫施以脉脉温情，内心刚强坚定，胸怀伟大抱负。正因她贤良聪慧，在她把想法渗透到政治军事层面时，松赞干布和朝中大臣不仅不反感，反倒对她尊敬有加。

站在吐蕃的立场思考问题，是文成公主的强项。她对所有政治决策，只提看法，绝不干涉。在得到松赞干布的许可后，她命随行进藏的文士们整理吐蕃的历史文献，记录松赞干布与大臣之间的重要谈话。这些做法，促使吐蕃在政治方面逐步走向正规化。

松赞干布感觉到了政治正规化的好处，便让文成公主协助他多方面仿照大唐的政治制度，建立和修正吐蕃的政治制度。

在文成公主的建议和鼓动下，吐蕃在军事制度方面也向大唐学习，设立府兵制。

松赞干布还模仿唐朝，颁布了一系列新的制度，包括实行均田制，统一度量衡，鼓励开荒，固定税额等等。

种种举措，无不有利于巩固和维护政权的稳定，完善社会制度。

改变了政治军事制度后，文成公主的生活彻底稳定下来了。轻松的日子里，她喜欢听汉族乐师演奏唐宫乐曲。

文成公主忽然发觉，吐蕃人的精神生活比较匮乏。因为松赞干布听到唐宫音乐后，直呼舒缓优美，如闻仙音。他决定选拔一批天资聪慧的少男少女，拜汉族乐师为师，诚心学习美妙音乐，丰富宫中乐队。

文成公主想得更多的是普通百姓，她带动藏民学习掌握汉族音乐技巧，充实他们的精神世界。

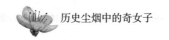

许是文成公主实在太美好了，藏族民众觉得她是活神仙，把她认作绿度母菩萨的化身，悲怜众生，慈爱仁厚，是智慧、财富、美貌、忠诚的象征。后来，藏民还编排出藏戏《文成公主》，歌颂赞扬她。

松赞干布与文成公主常在宫中边听音乐边读汉族诗文，他每每哀叹藏地文化落后。文成公主遂提议派遣吐蕃贵族子弟到长安的学堂学习诗书，加强汉藏文化交流。松赞干布拍手称好。

据史料记载，有的藏族学子聪敏优秀，经过一番学习后，屡次在学校的现场对对联比赛中胜出。

唐诗《陇西行》诗云："自从贵主和亲后，一半胡风似汉家。"汉藏深入的文化交流，大大加深了两国的友谊。

646年，唐太宗的军队征伐辽东返回，松赞干布闻讯派禄东赞去朝贺，奉上一只金鹅。金鹅威武雄壮，又高又大，能装酒三斛[①]。

有一年，大唐使臣王玄策率领使者三十余人，出使西域。哪承想，途中遭遇了中天竺国劫道。所有使者和财物全被劫走，王玄策有幸逃脱，孤身一人来到吐蕃避难。松赞干布没有坐视不理，发兵攻打中天竺国，并派出一千余人护送王玄策返回大唐。

此事传开后，唐朝君臣赞叹，松赞干布与文成公主的婚姻，等同于"十万雄兵的婚姻"。

随着汉藏文化交流频繁，吐蕃的藏药、香料、打马球运动、化妆技术等，也流入了大唐，有利于唐朝的社会发展。据史料记载，两国交流盛况空前："金玉绮绣，问遗往来，道路相望，欢好不绝。"

这一切都是文成公主到吐蕃和亲带来的利好，这也是文成公主在古往今来众多和亲公主中脱颖而出成为标杆式人物

---

① 三斛，相当于一百多公斤。

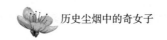

的主要原因，她在汉藏两地均名垂千史。

650年，34岁的松赞干布英年早逝，死因不详。一说是感染瘟疫致死，另一说是被暗杀致死。丈夫去世后，文成公主在藏地又生活了30年，常与藏民在一起，受人敬重。

680元，文成公主病逝，享年55岁。据《新唐书》记载："永隆元年，文成公主薨，遣使者吊祠。"唐朝政府重视此事，遣使臣远赴吐蕃吊祭。吐蕃工朝则为她举行了隆重的葬礼。藏民感念公主的厚爱与付出，泣送归茔。

相传，松赞干布新丧，文成公主悲伤过度以至于精神恍惚，竟把衣服穿反了，茫然地在草原上奔走。这一幕，曾被藏民看到。等到文成公主去世后，成千上万的藏民反穿衣服悼念她。直到千百年后，有些地区的藏民依然常年反穿衣服。

文成公主一生温良淑娴，刚柔相济，处事大方谨慎。她用数十年的努力，换来了唐朝与吐蕃两百多年的政治经济往来。她所发明的奶茶和酥油茶，至今留存，影响广泛。藏民为纪念她而打造的塑像，一千三百多年后仍然屹立不倒。

第十五卷

女茶艺师李冶：雅致坦荡的绝世才女

唐朝，诗歌盛行的朝代，一批著名诗人崛起，包括不少女诗人。李冶就是其中的一位，在诗坛上享负盛名。

她精通琴棋书画诗酒茶，以"诗"和"茶"见长，先会诗，后懂茶。李冶在诗歌创作方面，风格强烈，大胆坦荡，一扫千百年来女诗人的羞涩之态，一首《八至》更是千古一叹。她被称为"女中诗豪"，与薛涛、鱼玄机、刘采春并称为"唐代四大女诗人"。在茶艺方面，李冶师从"茶圣"陆羽，成为中国历史上首位女茶艺师。她所改良的茶艺与发明的擂茶，在一千多后仍然存在。围绕在这位姿容艳丽的绝世才女身边的名人雅士无数，她还受到了皇帝的垂青，被召入宫，为大唐王朝写诗，为大唐皇帝烹茶。

李冶一辈子活得雅致坦荡、清逸洒脱，她的故事被记载在《太平广记》《唐诗纪事》《唐才子传》等。但她人生的底色却是悲情的，从6岁起就不受父亲的待见……

才华惊人，初识茶圣

李冶，出生于 730 年，乌程①人。

李家家境不俗，李父时常出入达官贵族的盛大宴会。李冶从小好读诗书，显露诗才，天赋极高，深得父母宠爱。

据《唐诗纪事》和《唐才子传》记载，李冶在 6 岁那年，便才华惊人。那日，李父在家中宴请宾客。酒过三巡，父亲为了炫耀李冶的诗才，令她即兴赋诗一首。李冶望了望屋外灿烂绽放的蔷薇花，张口就来，现场作出一首《蔷薇诗》："经时未架却，心绪乱纵横。已看云鬟散，更念木枯荣。"

众人听罢，皆微笑夸赞。岂料，李父大为不悦，说道：

---

① 今属浙江省湖州市。

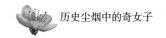

"'经时未架却，心绪乱纵横'，此女聪黠非常，恐为失行妇人。"原来，这两句诗的本意是指，架子还没搭好，但蔷薇的花朵和枝叶已经开始飞出，肆意绽放。李父却认为，"架却"与"嫁却"同音，李冶表面上是咏蔷薇，实则写出了待嫁女子心绪纷乱。小小年纪就懂得待嫁女子的心思，聪明、狡黠，长大后恐怕会成为失行妇人，有辱家门。

从那时起，父亲对李冶不再宠爱，抱有偏见，女儿但凡有一点错处，便对她冷言相对。李冶过得孤独苦闷，唯有写诗解忧。长到 11 岁时，李父还要送她去剡中的玉真观当道姑，面壁思过，修身养性。远离父母后，李冶觉得被家庭彻底抛弃了，反而适得其反，变得叛逆、散漫。加之在唐代，道教乃国教，道士道姑待遇丰厚，凡道士给田三十亩，女冠①二十亩。在行为规范方面，女道士可与男子自由交往，不受法礼约束。

---

① 女道士头戴黄缎道冠，且普通妇女不戴"冠"，故女道士又称"女冠"。

这样一来，李冶的才华与行动得以自由发挥。

16岁那年，道观已经锁不住李冶的才情了。据《唐才子传》记载："美姿容，神情潇散，专心翰墨，善弹琴，尤工格律。"李冶容貌之俊美，《唐才子传》里一共记录了近三百位诗人，她是唯一被赞"美姿容"的人。

一日，李冶在道观外面散步，看到一群名士在附近饮酒赋诗，觉得很有趣。他们所作之诗，有的不尽如人意，李冶技痒难耐，当场纠正，并赋新诗一首。众人无不惊叹，李冶瞬间成了诗酒大会中的焦点。

李冶尝到了甜头，从那日起，广泛交友，与一众名士饮酒吟诗，抚琴唱和。因才貌并重，性情豪爽，逐渐声名鹊起，备受推崇。

李冶在享受这种无拘无束的生活时，爱情也悄然而至。

一天午后，她闲来无事，观山望水，临时起意撑船漫游溪流。看着碧波荡漾，白云青山，心情闲适美好。

恰巧，隐居名士朱放由水边经过，被李冶绝美的容颜打

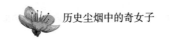

动。一时忘乎所以，向李冶招手呼喊，期望坐上她的小船，与她同游山水间。李冶看向年轻英俊的朱放，也被他的一身英气吸引，遂大方同意。

两人泛舟畅谈，谈古论今，更觉情投意合，爱情的种子破土而出。

约好下一次见面的时间、地点后，二人才依依惜别。

少女怀春，思卿绵绵。李冶回去后，日夜思念朱放，挥笔写下《感兴》："朝云暮雨镇相随，去雁来人有返期。玉枕只知长下泪，银灯空照不眠时。仰看明月翻含意，俯晒流波欲寄词。却忆初闻凤楼曲，教人寂寞复相思。"

李冶和朱放常常品茗谈诗，游玩山水，宛若一对神仙眷侣。

只可惜，李冶看错了朱放，他并非真隐士，内心渴求功名。当他得到朝廷的召唤时，不顾一切前往江西上任。临别时，李冶以一首著名的《明月夜留别》："离人无语月无声，明月有光人有情。别后相思人似月，云间水上到层城。"表达心中万千不舍。

待至朱放到任后，她又写下《寄朱放》："望水试登山，山高湖又阔。相思无晓夕，相望经年月。郁郁山木荣，绵绵野花发。别后无限情，相逢一时说。"把不分昼夜的相思，寄给薄情寡义的情郎。因为两人月夜一别后，朱放沉醉于新欢与新生活里，再无音信。

李冶多少次珊瑚枕上千行泪，夜夜念君到天明。

不过，色艺双绝的她不乏追求者。在一次诗会中，李冶与阎伯钧心心相印，情意相投。

正是你侬我侬时，阎伯钧却接到召令，前往剡县任职。李冶担心阎伯钧像朱放那样，一走了之，从此变心。她提笔写了一首《送阎二十六赴剡县》："流水阊门外，孤舟日复西。离情遍芳草，无处不萋萋。妾梦经吴苑，君行到剡溪。归来重相访，莫学阮郎迷。"重点是最后一句，相传，东汉时期，一个名为阮肇的人上山采药，遇到仙女后不能自拔，留在仙境，抛弃凡间一切。"莫学阮郎迷"，是李冶对阎伯钧

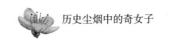

的千叮咛万嘱咐。

一晃半年，阎伯钧终究见异思迁。李冶收到了他另娶他人的消息，伤心痛哭。

就是在这种情况下，李冶结识了陆羽——那个后来被称为"茶圣"的男人。

据《新唐书》和《唐才子传》记载，陆羽因相貌丑陋遭到父母遗弃，被一位僧人抚养长大。长大后的他，能作诗写文，精通茶道，超然诙谐。不同于朱放，他是真正脱俗的隐士。

陆羽仰慕李冶的诗才，李冶好奇陆羽的茶艺，经双方的共同好友引荐下，他们迎来了初次相见。据史料记载，李冶投其所好，热情地给陆羽呈上一盏香茗。陆羽却回敬一盆冷水："久闻李道姑以诗才著称，没想到，尚未摆脱庸俗之气。"

李冶在名人雅士集聚的诗会、酒会、茶会上，向来都是最受瞩目的一位，每每受到夸奖，竟在陆羽这儿栽了跟头。她大吃一惊："我们尚未开口交谈，何以断定我未脱庸俗之气？"陆羽淡然一笑，指了指桌上的香茗，"茶如其人。茶，养生之精，可解热渴、驱凝闷、缓脑痛、明眼目、息烦恼、舒关节、荡昏寐。久服，令人有力悦志、增益思考……善茶之人必有五美，味之美、器之美、火之美、饮之美、境之美，茶的境界与诗情道心并无分别，境界高的人才能泡出天人合一的滋味。"

李冶佩服陆羽对茶的深刻见解，但仍是不解、不服："你尚未喝茶，何以断定滋味不佳？"陆羽端起茶杯说道："茶水煮开时，小滚为鱼目，大滚为蟹眼，唯有鱼目与蟹眼，茶叶才能显味，你用尚未开透之水泡茶请我，以致茶叶浮水、茶香未出，显露出你泡茶时心不从容、意不平宁、志不专一，难道不是和俗人一样吗？"李冶叹为观止，此后与陆羽来往甚密，探讨茶艺。

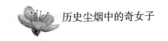

看淡婚恋，专注茶艺

在学习茶艺的时候，李冶的心境回归平静。

但陆羽的内心无法平静，长时间的相处，令他对这位才女由仰慕演变为爱慕。他几次想表明爱意，奈何找不到合适的时机。

安史之乱爆发后，好友皎然为躲战乱，返回故里，与陆羽重逢。陆羽欢天喜地，把诗僧皎然介绍给李冶认识。

皎然，是东晋宰相谢安的后人，是著名诗人谢灵运的十世孙。他擅长作诗，身上自带魏晋风度，谈吐文雅。

李冶、陆羽、皎然，三人常在一起煮茶写诗、曲径寻幽，好不欢快。

有一次，三人相约于竹林抚琴品茗，皎然家中有事久久未至。陆羽听着周遭的风声、蝉鸣、山泉叮咚等自然之音，忽而情难自已，对坐在对面冰肌玉骨的李冶袒露心迹。李冶感到愕然，她对陆羽并无男女之情，反倒对陆羽的好朋友皎然有意。

不久，李冶对皎然以诗示爱，写下名诗《结素鱼贻友人》："尺素如残雪，结为双鲤鱼。欲知心里事，看取腹中书。"意思是，我把雪白雪白的信纸叠成双鲤的形状，你想不想知道我的心里在想什么呢？打开双鲤，我的心事都在它腹中的书信里。

李冶一如既往，用诗大胆坦荡地表达情意。

这段感情注定难有结果，因为皎然是六根清净的和尚，从无还俗之意。他收到信后，作《答李季兰[①]》一诗，婉拒美人："天女来相试，将花欲染衣。禅心竟不起，还捧旧花归。"

感情上接连失意，李冶万念俱灰，大病一场。

陆羽得知后心如火焚，去探望李冶，衣不解带地照顾她。两人渐成知己。李冶有感于怀，为陆羽赋诗一首《湖上卧病喜陆鸿渐[②]至》："昔去繁霜月，今来苦雾时。相逢仍卧

---

① 李冶，字季兰。
② 陆羽，字鸿渐。

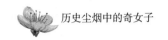

病，欲语泪先垂。强劝陶家酒，还吟谢客诗。偶然成一醉，此外更何之。"

在陆羽的细心呵护下，不出半个月，李冶的病就痊愈了。

她大彻大悟，看淡婚恋，写下千古一叹《八至》："至近至远东西，至深至浅清溪。至高至明日月，至亲至疏夫妻。"第一句"至近至远东西"，具有事物远近相对性的辩证思维，东、西是两个相反的方向，说近则近，间隔可为零，说远便远，乃至最远。第二句"至深至浅清溪"表达现象与本质的矛盾统一的辩证思想，比起江河大海，溪流是浅的，但清清的溪流能倒映出星月云鸟，仿佛深不见底。最后一句"至亲至疏夫妻"将境界推至广阔高深的位置，道破人间世态，夫妻恩爱之时是最亲的，两者之间的距离是最近的，但夫妻没有血缘关系，不爱之时或反目成仇时，两人的距离是难以弥合的疏远。

这首诗奠定了李冶在大唐诗坛上的地位，名列"唐代四大女诗人"之一。据《唐诗纪事》记载，李冶被称为"女中诗豪"。

李冶不再追求虚无的爱情，正式拜陆羽为师，专注学习茶艺，充实身心。

这时的陆羽已在茶道上颇有心得，一面悉心教导李冶，一面细致撰写《茶经》。

他把毕生所得都教给了这位红颜知己，理论结合实践，从茶叶产生的历史、茶艺的原理、煎茶的技巧等等，到泡茶所用之水、茶具和茶器等。知无不言，言无不尽。

陆羽表示，煎茶的步骤应有炙茶、备器、碾茶、罗茶、候汤、投茶和斟茶。而对每个步骤分寸的把握，则考验茶艺师的功力。李冶悟性强，学艺刻苦。

熟练之后，她不愿一直照搬陆羽的茶艺，把茶艺进行精细化的改造与创新。有一天，她给陆羽端来一杯紫笋茶，陆羽观色、品尝，大为惊喜："与你前些日子所煮的茶略有不同，色泽更柔和舒缓，口感更细腻清芳，与你第一次请我喝

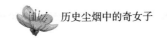

的茶相比，更有天壤之别。"李冶笑道："煎茶如作诗，熟练后应富于变化，自成风格。"

陆羽佩服她敢于创新的才智与不断进取的野心。不多时，李冶还发明了一种擂茶。擂茶的制作方法，简单来说，就是将茶叶放入茶器内，用硬木做成的擂槌捣碎，再加入芝麻、花生等配料，并将其擂成糊状，最后泡成茶饮用，谓之"擂茶"。擂茶香气浓郁，口感丰富，一时风靡全城。技法娴熟的李冶，成为中国历史上第一位女茶艺师。

古人有十大雅事，焚香、品茗、听雨、抚琴、对弈、酌酒、莳花、读书、候月、寻幽。李冶无不知晓，无不精通。她比以前更受人欢迎了，走到哪里都是众星捧月、万众瞩目。

相传，曾经有人为了喝一杯李冶亲手煎煮的香茶，心甘情愿到道观打扫一个月。喝完以后，此人还花重金买下了那个茶杯，回家供奉起来。每当有客来访，他都要引人观赏，并将李冶的茶艺夸赞一番。

诗茶俱佳，皇帝青睐

李冶的名声越来越响亮，就连当今皇帝都久闻其名字，如雷贯耳。

唐德宗喜欢撰写文章，尤工于诗。又喜好喝茶，热心茶事。李冶刚好诗茶俱佳，唐德宗坦言，想召见这位雅致坦荡的绝世才女。

783 年，李冶已进入暮年，还是得到了唐德宗的青睐，召她入宫任职。李冶忙把这个好消息说与亦师亦友的陆羽。陆羽并不为其感到高兴，忧心忡忡地问道："你决心赴京就职？留在青山绿水间煮茶赋诗不好吗？"

陆羽一辈子不慕荣华，专情山水，钻研茶艺，曾两次拒绝皇帝赐官。

见李冶有意入宫，他反复劝阻。一则李冶性情率真，不受束缚，不适宜待在处处讲究规矩的皇宫；二则深宫深似海，风云暗涌，他担心李冶遭遇不测。

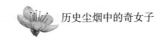

李冶却说道："陆兄啊，想我暮年还能得到圣上器重，夫复何求？何况你我探讨茶艺大半生，不该让心血付诸东流。茶艺得到圣上和朝廷的重视，方能发扬光大，得以永久流传。如是险滩，我也愿以身涉险。"陆羽深深叹息，再无多言，只能道一声"保重"。

几日后，陆羽站在岔口，目送挚友。

秋风瑟瑟，自然的清风吹起他花白的须发，岁月的烈风吹皱了他的脸额。老年人的分离，总是分外伤感。李冶为他敬上一杯清茶，郑重答谢多年教导之恩。清茶味淡回甘，如同值得回味的年年岁岁。

只是陆羽不曾料到，这竟是李冶为他煮的最后一杯茶。岔路口的挥手一别，竟是永别，君无归期，永失挚友！

李冶如期进宫，唐德宗第一眼看到她，便满眼惊喜。李冶老了，风韵犹存，唐德宗盛赞她为"俊媪"。宫里的嫔妃贵妇听闻来了一位漂亮的老太太，且极具才华，都满怀好奇前来结识李冶。

李冶的工作不复杂，给皇帝写诗，歌颂朝廷。给皇帝煮茶，表演茶艺。李冶茶艺高超，在皇宫很受欢迎与尊敬。

久而久之，李冶的茶艺从朝廷传至民间，引起广泛关注和学习。这是她最想看到的结果，得偿所愿。

在皇宫的生活，虽然重复单调，但是李冶有茶相伴，以茶为乐，过得还算平静舒心。偶尔也会惦念故乡的山山水水，以及一众文雅好友，想着过个三五载，便告老还乡，重回山水怀抱。奈何命运诡谲，人有旦夕祸福。两个多月后发生的一桩大事，让她根本无法告老还乡，再过优哉游哉的生活。

事情由泾原兵变引起，叛军直入长安，来势猛烈。长安失守后，唐德宗仓皇离京。在这种兵荒马乱的危急情形下，他顾不上李冶。部分官员和宫人来不及逃跑，皆被叛军俘虏。其中，便有李冶。

叛军拥立朱泚为皇帝，国号大秦。朱泚为了让天下人承认他上位的合理性，起用被俘虏的官员，胁迫一些名士为他

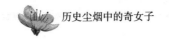

写下歌功颂德的诗篇。

至于李冶，朱泚起初以为她不过是宫中的老嬷嬷。得知她是茶艺师、大诗人李冶后，逼迫她写反诗，为新皇沏茶。她是一代才女，也是手无寸铁的弱女子，心绪凌乱，万般不愿，但身不由己。

784 年，唐德宗平息叛乱，朱泚战败而死。唐德宗还京后，开始秋后算账。他将所有曾背叛过他，对朱泚俯首称臣的官员，一一处死。李冶因写反诗，歌颂伪王朝，被打入大牢，听候发落。

据《奉天录》记载，唐德宗思来想去，终是无法容忍李冶的不忠，做出残忍的处置方式"遂令扑杀之"。所谓"扑杀"，是指把犯人装入袋子，乱棒打死。

李冶在狱中听到这样的处决后，哀求面见圣上，作出解释。可是，唐德宗没有给她辩解的机会。李冶一夜白头，在狱中胡言乱语。一会儿诵读茶道，一会儿吟诗作对。时而嬉笑怒骂，时而痛哭流涕，仿佛得了疯病。

唐德宗没有因此心慈手软，李冶最终被乱棍打死，死得凄惨狼狈，终年 54 岁。

李冶之死，对身在山林的陆羽打击极大。他再也泡不出一盏上等滋味的香茗，恼怒地推翻茶具茶器，常常衣衫褴褛奔走在山野间，诵经吟诗。饿了渴了，就吃野果，喝山泉水。或者深入农家，索要吃食。直至斜阳的余晖隐去，天色转黑，才号啕大哭着归来。时人将他称为"楚狂接舆"。

与其相熟的名士友人闻知陆羽的变化，十分担忧，劝他继续撰写尚未完稿的《茶经》，把他与李冶对茶艺的全部研究写进去。陆羽翻看从前与李冶一同煎茶时写下的篇章，内心得到了久违的平静。

此后，他隐居山间，闭门谢客，在《茶经》中再度与李冶相遇。

没有人知道，如果时间可以倒流，陆羽会不会竭力阻止李冶进宫。没有人知道，李冶在狱中听到扑杀的处决时，有没有后悔进宫。

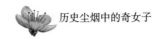

然而，一千多年后，李冶的茶艺和"擂茶"绝技都流传下来了。陆羽也写成了世界上第一部茶叶专著《茶经》，被尊称为"茶圣"。而李冶所写的诗，大多失传，只留下18首。她将以"首位女茶艺师"与"唐代四大女诗人之一"的身份，被后人铭记。

第十六卷

以军礼殡葬的女子平阳昭公主：
才略过人的天才女将

隋朝末年，叛乱频发。在各路反隋起义队伍中，李渊突围而出，推翻隋朝政权，建立起李唐王朝。创建唐朝的过程中，李渊的三女儿平阳昭公主功不可没。

　　平阳昭公主年少习武，胆识才略过人，长大后能统领千军万马，在危机四伏之时设立"娘子军"，为李渊扫清关中障碍，打下一片天地。后来，她与李渊的主力部队会师，使计攻破隋朝都城，助父亲登顶帝位。平阳昭公主是中国古代第一位为自己的父亲建立帝业的公主，甚至有人认为，唐朝的江山有她一半的功劳，时人称其为"天才女将"。平阳昭公主的事迹，记载在《旧唐书》《新唐书》《资治通鉴》等重要史籍里。

　　她是唐代第一位死后被赐予谥号的公主，更是中国封建史上唯一用军礼殡葬的女子。她，有怎样动人而激情燃烧的一生？

自幼不输男儿，比武喜结良缘

平阳昭公主[①]，出生于隋朝时期，陇西狄道[②]人。

她是李渊的第三个女儿，母亲是李渊的嫡妻窦氏。生来相貌端庄娇媚，却在父亲的影响下，喜好武艺，熟读兵书，自幼不输男儿。一次，李渊在提问儿子们对兵法学识的运用时，平阳昭公主也发表了自己独到的见解，剑走偏锋，逻辑严密，李渊大加赞赏："才识胆略不逊色于众兄弟也！"

从此，李渊对平阳昭公主高看一眼，也不要求她像别的大家闺秀那般，每日只能弹琴绣花。她可以自由习武，与兄弟们一同切磋兵法。

据史书记载，604年，隋炀帝弑父杀兄篡位后，大兴土

---

① 名字及出生日期，在正史中均无记载。
② 今甘肃省临洮县。

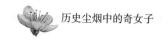
木，修宫殿、开运河，穷奢极欲。在修建好大运河后，他带上后宫妃嫔、文武百官、侍卫奴才等 20 万人，动用近万只船、8 万名纤夫，巡幸江南。沿途所经之处，500 里内的州县皆要纳贡。

隋炀帝劳民伤财，百姓多有怨言，天下时有动乱。

柴绍出身将门，自幼矫捷有勇力，一身正气，十来岁便当上了千牛备身，是陪伴保护太子的武官。眼看隋炀帝贪图享乐，民不聊生，他忍不住向太子进言，请太子劝谏陛下多为苍生着想，重振朝纲，重整河山。太子素有德行，但他的话并不奏效，且不久就患病去世了。

柴绍有报国为民之志，又对施行暴政的隋炀帝大失所望，不免哀伤愁苦。

恰在那时，唐国公李渊有了反隋之心。他敞开李家大门，广交各地有识之士，暗中积蓄军事力量。李渊听闻柴绍是将门之后，文韬武略，对暴政多有不满，有意结识这位年轻人。在相熟的官员引荐下，柴绍经常出入李家，与李渊父子谈笑风生。

多次交谈下来，李渊对柴绍的出身门第和个人才能都相当满意。但柴绍为人忠义、正值，也不贪财好色，一心只想皇帝痛改前非，以社稷为重，看似并无推翻隋朝的心思。李渊不知如何拉拢柴绍。

忽然有一日，李渊父子在谈论起柴绍时，被平阳昭公主听到了。她兴致勃勃地说道："我对这位柴公子早有耳闻，据说武功高强，改天他再登门，尔等务必通知我，好让我与他切磋武艺。"李渊摇着头，笑女儿武功不高，胆子不小，不承想，这成了拉拢柴绍的好时机。

那天，柴绍跟众人一起受邀到李家赴宴。宴席上，平阳昭公主与柴绍一见如故，听柴绍讲述武艺谋略时，听得如痴如醉。晚宴结束时，她非要柴绍同她到后院比武。

月上梢头，丽影一双，剑随风动。这场比武并没有持续很长时间，平阳昭公主就败下阵来了。柴绍也是点到即止，不伤及佳人分毫，还谦虚地表示自己只是险胜，大赞李三小

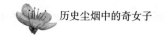

姐武艺不俗。

平阳昭公主平静地看着柴绍，微笑如花，"输了就是输了，有赢家自然有输家。我只佩服过两个男人，一个是我的父亲，另一个便是你"。简短的几句话说完，她略带羞涩地退回了闺房。

柴绍目视佳人远去的背影，竟有些痴了。

一场比武下来，两人之间的情愫就从剑端生长出来，长势喜人。此后再见面时，谈论的就不仅仅是武功和兵法了。

那是一段朦胧浪漫的时光，发乎情，止乎礼。二人郎情妾意，平阳昭公主每日都在期盼柴绍的到访。

他们从不遮掩对彼此的好感，因而李渊很快就察觉到了。难得平阳昭公主与柴绍互有情意，李渊明白到这正好是拉拢柴家的好机会。他确认过两人的心意后，主动提出把三女儿许配给柴绍，李柴两家喜结良缘。

这是令两个年轻人以及他们身后的家族都非常满意的结合。根据《新唐书》记载，热闹的婚礼过后，新婚夫妇就定居在隋朝都城大兴城里。

平阳昭公主的婚姻近乎完美，她与丈夫平等相处，如胶似漆，过着只羡鸳鸯不羡仙的幸福生活。

平阳昭公主没有因为嫁为人妇而放弃自我提升，恰恰相反，她比以前更积极追求学识和武艺上的进步，笑言家中就有一位"好老师"。在柴绍的指导下，平阳昭公主进步神速。柴绍曾经断言："假以时日，夫人的水平将在我之上。"

可夫妻俩生活得越幸福快乐，看到越多黎民百姓受苦时，心里越发难受。

不惧身处险境，创建"娘子军"

612 年起，隋炀帝好大喜功，先后三次东征高句丽，带来了重大的负面影响，严重损耗国力，致使百姓饱受战争苦难，终于引发全国性的反隋暴政农民起义。

针对农民起义，隋炀帝没有反省，没有施以仁政，安抚

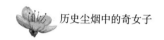

民心，还以暴制暴，变本加厉地迫害百姓。

一个政权从丧失民心起，便已走入了穷途末路。柴绍不再对隋朝存有幻想，彻底失望。

李渊把握时机，在太原地区以捉拿反贼为名，到处收编农民起义军。这件事秘密传到了柴绍和平阳昭公主耳中，柴绍甚是惊喜："父亲有大志，苍生有救了！"平阳昭公主却感到危机四伏，隐隐不安。

造反是一件复杂的大事，不可能做到绝对机密。随着李渊军队的壮大，与都城通信频繁，朝廷觉察到不对劲，命人悄悄监视大兴城内李氏家族的动向。若发现李氏确有反心，立即打入天牢，斩草除根。

617年4月，李渊在太原地区民心所向，当地流传起"杨氏将灭，李氏将兴"的童谣。而身在都城的平阳昭公主，敏锐地发现朝廷在密切监视李氏家族。

正当夫妻二人商量对策时，李渊派使者前来给他们送密信，告知他们即将在太原起兵反隋，扫平乱世。据《旧唐书》记载，李渊担心发兵后，女儿和女婿在都城不安全，恐怕会受到朝廷的残害，要他们随使者一道前往太原，跟他会合。

　　大战在即，刻不容缓，使者请他们简单收拾细软，星夜启程。平阳昭公主认为此举不妥，说道："父亲顺天意，应民心，起兵抗隋。作为李家的女儿和女婿，我二人理应前去与他一起高举义旗。"但监视他们的人太多，二人同时离开，目标太大，万万不可行。

　　一番仔细思量后，平阳昭公主决意让柴绍先行前往太原，她留在大兴城随机应变。柴绍不同意："我独自走了，怕你遭遇危险。"柴绍的意思很明确，夫人离开，他留守都城。

　　"不行，请夫君赶紧离开！"平阳昭公主睿智果敢，"我是一个妇人，朝廷不会觉得我能对他们造成威胁，若遇到危险，更容易躲藏起来。"她希望柴绍莫再迟疑，即时出发。

　　柴绍经不住妻子的劝说，当夜便同使者抄小道直奔太原。

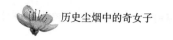

丈夫一走，平阳昭公主自知已身处险境，但她并不畏惧，沉着地做好逃离都城的规划。

她想起李氏家族在距离都城 50 里外的鄠县有一些产业，还有一处李氏庄园，正是合适的栖身之所。

在前去鄠县的路上，平阳昭公主看到了触目惊心的一幕幕。原来，关中大旱，沿途尽是灾民，饿殍遍野，朝廷官员却熟视无睹，叫人心寒。平阳昭公主慈悲心肠，一到鄠县就变卖当地产业，赈灾救民，得到百姓拥戴。

另一方面，平阳昭公主深谋远虑，觉得待在鄠县并不绝对安全，必须未雨绸缪。她在赈济百姓的同时，从灾民中招收年富力强的人，逐渐组建起一支五百多人的队伍来。由于军队的主帅是平阳昭公主，人称"李娘子"，人们就将她的军队称为"娘子军"。

617 年 7 月，李渊起兵反隋的消息传到了关中地区。平阳昭公主心情振奋，手下激情进言，请李娘子带领娘子军，起程奔赴太原，一起攻打隋军。

平阳昭公主却心怀更深远的谋略，李渊要想成就霸业，关中地区是关键之地。他迟早要打入关中，打进大兴城。为了促成父亲的帝业，自己更应该留在关中，招募更多军力，扩大李氏集团的势力范畴。

平阳昭公主坚守关中，到处联络反隋义军，以其过人的才略，在短短的一个月里，便收拢了四支规模不小的起义军，军队人数翻了好几倍。

但人数还是远远不够，她盯上了一支数量庞大的人马，那是胡商何潘仁的队伍。据史料记载，早些时候，何潘仁与朝廷有过节，杀死了隋朝的官员，落草为寇，占地为王，在司竹园招纳了三四万人。

既然都是隋朝廷的敌人，平阳昭公主以为能与何潘仁通力合作，共谋大计，就去游说何潘仁归降。谁知，何潘仁仰天长笑，他根本看不上平阳昭公主的军队，笑称其为"灾民团队"。再者，何潘仁拥有数万人，而平阳昭公主手下只有数千人，谁强谁弱一目了然，哪有强者归顺弱者的道理？

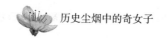

平阳昭公主毫不气恼，也不气馁，叫人送上佳酿，锲而不舍地劝说何潘仁。她明确地表达出三点重要内容：第一，打胜仗最重要的不是拥有更多的兵力，比兵力更重要的是谋略，她自认谋略不弱。第二，她的兵力虽暂时不及何潘仁，但李氏家族在太原的主力军队人数远胜于何家。第三，如果归降李家，他日李渊率大队从关中打进大兴城，何潘仁就成开国功臣了。

详谈半天后，何潘仁的态度明显有所转变，对平阳昭公主变得客气起来。

平阳昭公主趁热打铁，补充了第四点重要内容。她大气凛然地表示，与何家合并军力后，要做的头一件事便是合理调用兵马，攻下鄠县全县。何潘仁若是信不过她的实力，可以先在这一战里看她如何用兵。她要是攻不下鄠县，何潘仁可领兵自行离去，继续回去做山大王。

何潘仁总算被平阳昭公主说服了，甘愿做她的手下，数万兵马随她调用。

平阳昭公主即时采取行动，调兵遣将。

她早已全面考察过鄠县，先攻其薄弱处，再集中精锐攻下难关，步步为营，抚恤百姓，顺利占领鄠县全县。

何潘仁对平阳昭公主敬佩至极，此后对她唯命是从。

智胜隋军攻下都城，镇守"娘子关"

收编何潘仁队伍、攻克鄠县后，平阳昭公主威名大振，又顺利收编三支义军，娘子军的人数超过了7万人，势力大增。

相传，平阳昭公主令出必行，娘子军纪律严明，屡打胜仗。

有一回，隋朝大将屈突通奉命攻打娘子军。敌众我寡，平阳昭公主却面无惧色，察看地形图，急速思考制敌计策。

良久，她想出了御敌之计，把何潘仁叫到跟前，命他率五千骑兵到隋营阵前，只叫骂挑衅，不可冲杀入营。何潘仁

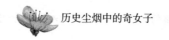

不明其用意，又觉得明显是诡计，连他都能看出来，屈突通会看不出来吗？

平阳昭公主摆摆手，不作解释："何总管尽管去做便是，我自有获胜之法。"何潘仁相信平阳昭公主的判断，转身就去安排部署。

果然如此，屈突通看到前来叫阵的五千骑兵后，觉得太过轻佻，一眼看出是诡计，下令全军待命，密切留意对方骑兵的行动。

两军相持了很长时间，屈突通也没看出端倪。直至他听到隋营后方传来声声惨叫，方知自己中计了。平阳昭公主带着精锐军队偷袭隋营后方，敌军死伤一片。屈突通反应过来后，大声传令，摆圆阵，围杀敌人。

可隋军已丧失了先机，隋营大乱。平阳昭公主与何潘仁会合后，命五千骑兵冲锋陷阵，打乱隋军阵型。隋军在两相夹击下大败，弃营而逃。

智胜隋军后，娘子军士气高涨，平阳昭公主趁势率军保持进攻。据《新唐书》记载，她连续攻下了周至、武功、始平等地。时人赞颂平阳昭公主在军事上的见地超乎寻常，称她为"天才女将"。

娘子军威名远扬，吸引了众多有志之士不远千里来投奔平阳昭公主。

这支军队也成为朝廷重点关注的对象，隋炀帝多次派兵去镇压娘子军，但统统兵败而归。

617年9月，李渊及其儿子、女婿率领主力军队渡过黄河，进入关中地区。这时，他收到平阳昭公主派人送来的一封信。从信上的内容可知平阳昭公主已在关中打下一大片天地，随时做好准备迎接父亲的到来。

李渊喜形于色，令柴绍率先带领一支骑兵与平阳昭公主会合。

夫妻分别多时，一见面，柴绍就向平阳昭公主深深鞠了一躬，笑称士别三日，刮目相看。柴绍与平阳昭公主各领一军，在职位上属于平级的关系。但柴绍听闻妻子的事迹与战

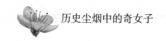

绩后，自叹不如，甘拜下风。

随后，平阳昭公主接到李渊的号令，在军队里挑选出一万多名精兵，与弟弟李世民会师渭河北岸，联手作战，不日攻打大兴城。

姐弟俩率领二十万大军，兵临城下。当时，李渊的意思是，直接打入隋朝廷，尽快夺取胜利果实。平阳昭公主不以为然，这一战是最为重要的战役，必须谨慎、妥当，一击即中。她想到一个万全之策，先多次劝降，再大举进攻。

劝降是为了尊重前朝，向百姓展示新政权的仁义之举。同时，数次忍受不愿投降的隋朝的奚落，能最大程度地激发将士们的怒火与战斗的欲望。

平阳昭公主料事如神，劝降多次无果后，一声令下，将士们如困兽出笼，奋勇厮杀，顺利攻下隋朝都城。

618年5月，李渊称帝，改国号为"唐"，把大兴城改为长安城。平阳昭公主成为中国古代历史上第一位统领千军万马，为父亲建立帝业的公主。许多人认为，唐朝的江山有她一半的功劳。

李渊格外看重三女儿，每次给公主们赏赐财物，平阳昭公主总能得到更多更好的赏赐。

事实上，平阳昭公主不太看重这些赏赐，她一门心思放在镇守"娘子关"上。

李渊虽已攻克长安称帝，但四周仍有不少敌人，政权未稳。他命李世民和柴绍征讨对李唐王朝存在威胁的多方势力，又命平阳昭公主镇守出入山西的咽喉——苇泽关，防止敌人进入山西，祸乱中原和关中。苇泽关，正因为平阳昭公主率领娘子军驻守于此，被称作"娘子关"。

据史料记载，平阳昭公主凭借天险，在娘子关严密布防，敌人难有可乘之机。

但有一次，在河北自立为王的刘黑闼，进攻凶猛，誓要攻克别的势力无法拿下的娘子关。刘黑闼的大军人数众多，是平阳昭公主关内兵力的数倍。要是正面对打，娘子军绝无胜算。娘子关情况危急，平阳昭公主心急火燎，一面派

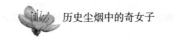

人快速去请援军，一面在城楼上指挥娘子军与居民一同严防死守。

就在这时，平阳昭公主看到了远处田野上成熟的谷子，忽而心生一计。她下令让城内部分军民收割谷子，架起一口口大锅，大量熬制米汤。等到天黑之后，再把米汤全部倒进娘子关前面的沟壑里，用以迷惑敌人。

第二天，敌军的哨兵发现关前沟壑中米汤横溢，误以为是马尿，赶忙禀告刘黑闼。刘黑闼感到奇怪，出帐观望。平阳昭公主早有安排，提前命人在城楼上插上旌旗，迎风招展，又下令擂动战鼓，军民的喊叫声响彻云霄。

刘黑闼观察此状，以为大唐的援兵赶到了，生怕打进去后正中埋伏，便不战而退。

诚然，刘黑闼也并非愚笨之人，退兵十余里后，意识到这是疑兵之计，连忙率兵掉头回去。可没走多远，探子匆忙回来上报，这次大唐的援兵真的赶来了。失去战机的刘黑闼只得长叹一声，率兵离去。

平阳昭公主成功守住娘子关后，唐朝逐步迎来了安稳。平阳昭公主与柴绍也过上了数年平静幸福的日子。

623 年 2 月，平阳昭公主病逝。据《旧唐书》记载，李渊心情沉痛，希望心爱的女儿下葬时能用"鼓吹"。礼官听罢，顿觉不妥："妇人下葬用鼓吹不符合礼制。"李渊反驳道："鼓吹，军乐也。公主生前总是参谋军务，擂鼓鸣金，亲临战场，非寻常妇人可比，用军乐送公主有何不可？"

在李渊的倡导下，文武百官皆赞成让公主以军礼下葬。士兵们身穿黑色玄甲，在悲壮浑厚的军乐声中，护送公主出殡。她功勋卓著，打破传统礼制，成为了中国封建史上唯一用军礼殡葬的女子。

按照谥法"明德有功曰'昭'"，李渊又赐谥号"昭"，这便是"平阳昭公主"封号的由来。平阳昭公主也是唐代第一位死后被赐予谥号的公主。她把短暂的一生献给了大唐，献给了至爱的军事事业，卓有成就，生荣亡哀。

第十七卷

女诗人许穆夫人：心系天下的
爱国诗人

春秋时期，诸侯争霸，各显神通，前后出现过一百多个大大小小的诸侯国。有的诸侯国一经灭国重创，永无翻身之日。卫国，一个经济和军事实力都不算特别强大的诸侯国，却能在经历亡国之灾后，东山再起。这离不开一位伟大女性的贡献，她便是许穆夫人。

　　许穆夫人天生丽质，多才多艺，她是中国历史上第一位女诗人。她的诗作被收录在《诗经》，在中国文学史上享有极高声誉。

　　许穆夫人是心怀苍生、心系天下的爱国诗人，在闻知自己的祖国卫国遭到灭国之灾后，力排众议，一心复国。她救济难民，组织军队，成功游说齐国、宋国和许国帮助卫国复国，使卫国夺回国土，国家往后延续了四百多年，国祚907年，成为生存时间最长的周朝诸侯国！

　　《左传》《列女传》中都记载了许穆夫人的事迹，她的身上有着怎样复杂、浪漫、传奇的故事呢？

才貌双绝有远见，远嫁许国成诗人

许穆夫人，姓姬①，大约出生于公元前 690 年，春秋时期卫国朝歌②人。

她出身高贵，却有着复杂奇特的家庭关系，这要从她的母亲齐宣姜说起。

齐宣姜是齐国国君齐僖公的女儿，春秋时代的绝色美女。齐僖公将她许配给卫国太子公子伋，公主嫁太子，本是绝配。万万没料到，公子伋的父亲卫国国君卫宣公垂涎公主美色，故意派公子伋出使郑国，强娶齐宣姜，生下卫惠公。后来，卫国发生政变，卫惠公王位不稳。支持卫惠公的齐襄公为了稳定卫国政局，强迫齐宣姜改嫁卫宣公的另一个儿

---

① 名字无从考证。
② 今河南省鹤壁淇县。

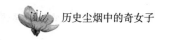

子，也就是她的继子卫昭伯，生下三子二女。许穆夫人，就是卫国公族卫昭伯与齐宣姜的次女。

许穆夫人遗传了母亲的美貌，但比母亲开朗活泼，唱歌、跳舞、骑马、射箭，样样精通，可谓才貌双绝。

她生长在美丽的淇水河畔，常在那里流连忘返。相传，有一天，许穆夫人与一群少女在淇水边钓鱼玩乐。她们运气不错，不到半个时辰，就钓上来好多鱼。少女们欢呼雀跃，开心地讨论起来，谁钓得最多，谁钓的鱼最好看。

姑娘们发出清脆甜美的笑声，引起了一名紫衣男子的注意。他生得玉树临风，带着随从，路过淇水河畔，叹息道："可怜的鱼儿，你们的生命就要终结在这群少女的手上了，赶快逃命去吧！"

许穆夫人听到陌生的嗓音，猛然抬头，发现紫衣男子龙行虎步，绝非等闲之辈。而他刚才的言语中，又透露出他有一颗悲悯博爱仁义之心。许穆夫人不由得对紫衣男子生出好感，笑道："您若得君王之位，必是贤君。"紫衣男子略微一愣，朗声大笑，与许穆夫人热络地攀谈起来。分别时，两人已互有情意。

到了后面，两人才知晓各自的身份背景。当日的紫衣男子，竟是齐桓公。

随着卫惠公去世，其子卫懿公登位。按父系论，卫昭伯和卫惠公是同父异母的兄弟，所以卫惠公的儿子卫懿公与卫昭伯的女儿许穆夫人属于堂兄妹的关系。按母系论，卫惠公与许穆夫人同属齐宣姜的孩子，两人是同辈的兄妹，而卫懿公是卫惠公的儿子，因而许穆夫人跟卫懿公又是姑侄的关系。

卫懿公一般称呼许穆夫人为妹妹。许穆夫人貌美多姿，花骨朵盛放开来后，美名传遍各大诸侯国。多个诸侯国派使者到卫国求娶许穆夫人，其中包括齐国和许国。

除了看中许穆夫人的才貌，诸侯国之间的联姻更是一种带有结盟性质的政治手段。这一点，出身公族的许穆夫人心里清楚得很。年纪尚轻的她，觉悟高，心怀祖国安危，期望

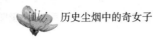

自身的婚姻能在保家卫国方面起到一定的作用。

据《列女传》记载，当时卫懿公通过一番对比，面临两难选择，不知该将妹妹嫁到齐国还是许国。许穆夫人颇有远见地表示，愿往齐国去。从国家实力来看，这些年来，齐桓公重用管仲，富国强兵，齐国已发展为一个强大的国家。从地理位置来看，齐国与卫国是近邻，他日若卫国有难，军事力量雄厚的齐国能快速出兵救助。反观许国，国家弱小，与卫国相隔甚远，嫁到许国，未必对卫国有利。从个人情感出发，许穆夫人与齐桓公也互有好感。

许穆夫人说得头头是道，句句在理。

卫懿公差点儿被说服了。在这个节骨眼上，齐国的家族内部却发生了内乱，而许国又遣人送来了隆重的厚礼。卫懿公目光狭隘，立马不看好齐国，他也急需用钱来养鹤，终被许国的财物打动，草率地把妹妹许配给许国国君。

作为公族的女儿，婚姻无法自主，她奉命远嫁许国，成为许穆公的妻子。这就是后世称她为"许穆夫人"的由来。

没有如愿嫁到齐国，但婚后的好几年，许穆夫人都是幸福的，她得到了许穆公的宠爱与呵护。

　　只是偶尔的思乡心切，让她成为一个诗人，写下许多诗篇。许穆夫人最常想起的，是少女时期在淇水河畔垂钓、撑船游玩的情景。于是写下一首《竹竿》："籊籊竹竿，以钓于淇。岂不尔思？远莫致之。泉源在左，淇水在右。女子有行，远兄弟父母。淇水在右，泉源在左。巧笑之瑳，佩玉之傩。淇水滺滺，桧楫松舟。驾言出游，以写我忧。"语言凝练清新，展现出她作为诗人的天赋，写出了她思念故土、想念亲人的浓烈感情。

　　许穆夫人喜欢登高望远，在水边弹琴写诗，借此寻回一点少女时代的乐趣，用以化解夜色深处的思乡之情。

　　但她深沉爱着的故国，却在她的念念不忘中变成了他国领土。

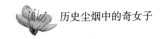

惊闻故国覆亡，立誓回去复国

据《左传》记载，卫懿公沉迷养鹤，在许穆夫人出嫁后，他对鹤的喜爱已到达了癫狂的地步，鹤可以在宫中随意走动。卫懿公不仅在宫廷里养鹤，还在全国多个地方建造庞大豪华的养鹤场。他设立养鹤专用款项，用来修缮鹤舍、购买鹤粮，花费重金给鹤筹办生日庆典。

最匪夷所思的是，卫懿公竟根据朝廷官员的等级，把鹤也分为三六九等，并能拿到相应等级的朝廷俸禄。级别较高的鹤，需乘马车出行，前呼后拥，号称"鹤将军巡游"，荒唐至极！

卫懿公玩物丧志，国库空虚，卫国日渐贫弱，百姓怨声载道。

公元前660年，早有扩张野心的北方敌军，眼看时机成熟，发起入侵卫国的战争。卫懿公派出一支军队去应战，惨败，卫国大乱。卫懿公惊慌起来，正打算命另一支军队去抵抗。怎料，将士们对卫懿公早已不满，趁乱把他的鹤杀的杀，放的放，发泄愤恨。

卫懿公气急败坏，痛斥将士们大胆放肆。将士们满不在乎，讥讽道："鹤多威风，享有官职和俸禄。那你怎么不命你的鹤将军去打仗抗敌呢？"卫懿公哑然失色。

大军压境，不可不战，卫懿公迫于无奈，唯有亲率大军迎击敌军。北方的敌军筹谋已久，军队进退有序。卫军却军心不稳，卫懿公威信全无。孰胜孰败，一出场便可见一斑。卫军一败如水，卫懿公死于乱军之中。卫国遭遇灭顶之灾，国土尽失。

卫懿公养鹤误国，搭上了自己的性命和整个国家，成了诸侯国中的笑柄。

卫懿公的堂兄弟公子申和公子毁在战火中逃脱，算是不幸中的万幸。他们带着卫国遗民渡过黄河，与妹夫宋国国君宋桓公取得联系。宋桓公把落难的卫国公族和遗民安置在漕邑。

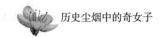

卫国公族不甘心，也不敢相信，拥有四百多年历史的卫国就这样灭亡了！在宋桓公的帮助下，他们在漕邑建立起流亡政权，立公子申为卫国新国君，史称卫戴公。

远在许国的许穆夫人惊闻故国覆亡，痛彻肺腑。一想到清澈的淇水被鲜血染红，她便涕泪涟涟，食不下咽。

许穆公每日处理政事，必定比许穆夫人更早知悉卫国亡国的消息。许穆夫人便跑去问丈夫，何时启动救援卫国的方案策略。许穆公很愕然，他压根儿没有出兵救卫的计划。

许穆夫人请求许穆公派兵援救卫国，为卫国报仇雪耻。许穆公虽然深爱许穆夫人，但他听闻来自北方的敌军野蛮骁勇，胆小怕事的他，生怕引火烧身，迟疑着不肯点头，表示此乃国家大事，需从长计议，与大臣们商量定夺。

许国的臣子们与许穆公有着同样的心思，都想着各人自扫门前雪，莫管他人瓦上霜。况且，卫国已亡，谈何救卫？这是卫懿公与卫国的命数，应顺应天命，接受上苍的安排。

许穆夫人不服，驳斥群臣："国君有罪，卫国无罪。"卫懿公已为自己的昏庸付出生命，成为他人茶余饭后的笑柄。许国与卫国友好邦交，若能助卫国收复国土，许国就能在诸侯国中赢得信义声誉。卫人也会感激不尽，日后许国有难，定当赴汤蹈火，在所不辞。

许穆夫人一番慷慨陈词，也不能令目光短浅、畏畏缩缩的许国君臣动容。许穆公最终以许国国力不足、路途遥远为由，拒绝出兵。

许穆夫人无可奈何，留下一串长长的叹息。

但她是卫国的女儿，不能袖手旁观见死不救。

寂静的深夜，躺在许国的高床软枕上，许穆夫人心里想的全是卫国。她一腔思情，流淌成诗，写下这首《泉水》："毖彼泉水，亦流于淇。有怀于卫，靡日不思。娈彼诸姬，聊与之谋。出宿于泲，饮饯于祢，女子有行，远父母兄弟。问我诸姑，遂及伯姊。出宿于干，饮饯于言。载脂载辖，还车言迈。遄臻于卫，不瑕有害？我思肥泉，兹之永叹。思须与漕，我心悠悠。驾言出游，以写我忧。"诗中写到她嫁到

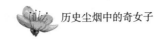
异国后对母国的思念，设想飞奔回国的情形。用以幻写真的艺术手法，表达出她对故国真挚深厚的情感。由此可见，这个时期的许穆夫人，诗作水平已跃升到更高的阶层。

写下诗篇，反复思考后，许穆夫人还要采取行动，立誓回去复国。

她喊来那群跟随她来到许国的姬姓女眷，对她们说明卫国覆灭，事态严重。许国隔岸观火，不肯发兵。"你我皆卫国人，我愿为复兴卫国尽绵薄之力，策马赶赴漕邑，尔等可愿与我同去？"许穆夫人询问一众姬姓女眷。女眷们忠肝义胆，发誓与许穆夫人生死相随。

许穆夫人感觉到了前所未有的责任感与力量感，她向许穆公请示，自己将去救助卫国。结果，许国的臣子纷纷阻拦她，指责她不该抛头露脸，不该插手国家大事，有失体统，于礼不合。

许穆夫人觉得可笑，许国不肯出兵，居然还不允许她搭救母国。可她手上没有军队，不能强硬反抗许国大臣们，就在暗地里吩咐女眷筹办好物品，备好车马，寻找时机，随时归宁。

一日，许穆公与公子、大臣约定去狩猎。往常这种时候，擅长射箭的许穆夫人必会参与其中，大显身手。这回，她提前一天就"生病"了。完美错过狩猎活动的她，急忙带领女眷，乘车赶往卫国。

许穆公狩猎回来，发现许穆夫人的行踪后，惊愕不已，忙派臣子们追赶许穆夫人和女眷，务必把许穆夫人毫发无损地带回许国。

历史性的滑稽一幕出现了，许穆夫人和女眷们在前方策马奔腾，许国的臣子在后面慌慌张张地追逐。

许穆夫人想不到许国这般厚颜无耻，略施小计就将他们引开，远远甩在身后，顺利到达漕邑。

国仇家难令卫国子民失去了精气神，一个个耷拉着脑袋，目光黯淡。许穆夫人的到来，给他们带来了一束光。

她卸下物品，分发给难民们，又送给大家救济金。卫

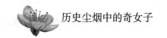

国难民齐刷刷地磕头拜谢许穆夫人，犹如见到人美心善的仙女。

安抚好难民后，许穆夫人便去面见兄长卫戴公及其臣子。卫国宫室简陋，臣子、子民都不多，卫戴公又抱恙在身，有心无力，只觉复国无望。

许穆夫人请求兄长莫说丧气话，她此番前来就是要与卫国君臣商定复国策略。

卫戴公嗟叹不已，复国谈何容易？他们现在能依靠的只有宋国，但在前期宋国已为卫国做了不少事情，像是仁至义尽了，宋桓公没有继续帮忙的意愿。

许穆夫人认为，人当自救，不必一味依赖他人。她积极地与臣子们商量，目前最要紧的是让卫国子民安然地生存下来。授人以鱼，不如授人以渔。得帮百姓找到合适的谋生手段。另外，招揽士兵，重建军队。

在许穆夫人的努力组织下，招来了四千多人。她亲自上场指挥战士们习武，进行全方位军事训练。

就在复国事业如火如荼地开展时，令许穆夫人气愤万分的事情发生了。

一个爱国女诗人，推动三国伸援手

许国的臣子打听到许穆夫人的所在之地，接踵而至。他们对她抱怨、指责、嘲笑，劝她不要做丢人现眼、徒劳无益的事情，赶快回到许国。

臣子们的无礼行径惹火了许穆夫人，她在愤怒中写下千古名篇《载驰》："载驰载驱，归唁卫侯。驱马悠悠，言至于漕。大夫跋涉，我心则忧。既不我嘉，不能旋反。视而不臧，我思不远。既不我嘉，不能旋济。视而不臧，我思不閟。陟彼阿丘，言采其蝱。女子善怀，亦各有行。许人尤之，众稚且狂。我行其野，芃芃其麦。控于大邦，谁因谁极？大夫君子，无我有尤。百尔所思，不如我所之。"

这是许穆夫人最著名的一首诗，具有很强的思想性和很

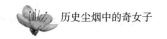

高的艺术水准。她在诗中痛斥鼠目寸光的许国官吏，表明自己胸襟广阔、目光高远、一心为国的思想无人能够拦阻和禁锢。她复国的主张无可指责，她复国的决心也不可改变。诗中蕴含强烈深厚的爱国思想，震撼人心。许穆夫人成为中国历史上第一个心系天下的爱国女诗人。

许国的臣子劝不动许穆夫人，还被当面训斥一顿，不好再劝，灰溜溜地折返许国。

许穆夫人得以安心留在漕邑，监督练兵，安抚百姓。

可一波刚停，一波又起。

身患重疾的卫戴公，在位不满一年就病逝了。本就根基不稳的卫国，又陷入了一片混乱。许穆夫人不愿放弃卫国，提议大臣们拥立她的另一位兄弟公子毁继位，史称卫文公。

卫文公与许穆夫人齐心协力，总算稳住了政局。

那时，许穆夫人有了新的想法。卫国的局势基本稳定，并训练出一支勇猛的军队。是时候抗击北方的敌军，夺回失地。卫文公对此并不乐观，卫军兵力不足，难与敌军抗衡。

许穆夫人却表示，兵力不足可以求援，最重要是目前卫军斗志昂扬，敌军在卫国故土根基未稳，正是出手的好契机。

那么，向谁求援呢？宋国抑或许国？

都不是，许穆夫人看中的是齐国。从前如是，今日如是。她亲自前往齐都游说齐桓公，呈上《载驰》一诗，陈述来自北方的敌军占领卫国对齐国的种种坏处，唇亡齿寒。

据史料记载，齐桓公读完许穆夫人的诗，感动不已，被许穆夫人旷达的胸怀、果敢的气度、忠国的情感、非凡的文采所打动。当年淇水边芙蓉花一般的小姑娘，已蜕变为凤凰树一样的大女人。他不因没与许穆夫人结为夫妇而心怀怨恨，此刻只赞赏她的忠义，赠予她一辆鱼皮装饰的华美马车，以表敬意。

卫国也得到了齐国的支援。据《左传》记载，齐桓公派兵驻守漕邑，且派儿子无亏率领战车 300 辆、甲士 3000 人，与卫军并在一处，共同攻打北方的敌军。

这场战役，卫国大获全胜，收复部分失地。齐军英勇仗

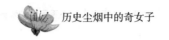

义的行为，也为齐国赢得了良好的声誉。

许穆夫人不愿久战，不想劳民伤财。她借机游说宋国和许国，宋桓公、许穆公都迎娶了卫国的女儿，偏在关键时刻缩头缩脑，叫人心寒，也为众诸侯国所不齿。现今齐国开路，形势大好，即便不补充更多兵力，也能击退敌军。但这却是宋、许二国力挽国家形象的良机。此时不战，更待何时？

许穆公尚在犹豫，宋桓公已经率先派兵参战了。

许穆公不好再迟疑，以免被说三道四，沦为笑谈。他派出大军，痛击北方的敌军。

许穆夫人凭一己之力，四处奔走，推动三国对卫伸出援手。四国联军很快就将敌人消灭光，成功收复卫国失地。

卫国，终于迎来了复兴。

公元前 658 年，卫国重建都城，定都楚丘。它渐渐发展壮大，恢复了在诸侯国中的地位，往后延续了四百多年历史。

成功救国后，许穆夫人回到了许都，辅助夫君，教育后代，泛舟写诗，生活恬静安逸。

公元前 610 年，许穆夫人寿终正寝，享年 80 岁，高寿仙逝。

她爱了一辈子的卫国，国祚绵长，在历史长河中存在了907 年。在秦国吞并六国与周边的许多小国，一统天下后，卫国仍奇迹般地存活下来了。直到秦二世继位，卫国才被彻底灭国。它，成为了生存时间最长的周朝诸侯国！

许穆夫人才貌俱全，写下许许多多的诗篇，因战乱、遗失、保存不当等各种因素，绝大部分作品都已失传，只留下《竹竿》《泉水》《载驰》三篇。这三首诗都被收录在中国第一部诗歌总集《诗经》中。

第十八卷

岭南圣母冼英：善于审时度势的民间保护神

在中国古代，出现过不少巾帼英雄。而她，被誉为"巾帼英雄第一人"。

她就是冼英，个性包容、学识广博、善武能战。因多次平定叛乱，被封为中郎将、高凉郡主、谯国夫人，管理岭南地区，发展农业和文化，被尊称为"岭南圣母""民间保护神"。冼英一生都在审时度势，先后带领军队和民众归顺梁、陈、隋三朝，爱民爱国，得到七朝君王敕封，实现少数民族与汉族之间的和解与交流，促成中国第二次大一统，是中国历史上第一位以军功开幕府的女性。

她的英明英勇事迹，在《隋书》《北史》《资治通鉴》均有记载。

这位从南北朝走到隋朝的传奇南越女杰，十多岁时便展示出惊人的战斗力和领导才能，当上俚人首领……

女承父业，归顺梁朝

冼英，出生于 512 年[①]，高凉郡[②] 俚人[③]。

她是俚人首领冼企豪的女儿，部落尚武好斗，她从小跟在父亲身边，习得一身好武艺。与部落里的其他人不同之处在于，冼英好读书，钻研兵法，学习汉族文化。小小年纪，出类拔萃。

冼英 16 岁这年，俚人部落里发生了一件大事。

岭南，在越城岭、都庞岭、萌渚岭、骑田岭、大庾岭五岭以南。名义上，属于梁朝的领土。因着这五岭天险，实际上，朝廷从未真正掌控岭南地区。

[①] 也有说出生年份为 513 年、522 年。

[②] 今广东茂名。

[③] 少数民族，壮族分支。

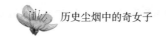

528 年，梁朝设置高州，强化对岭南的管控。官员们把高凉俚人入编户籍，强制性征收高额赋税，用以支持北方战争。这严重侵犯了俚人部落的利益，致使他们对朝廷越加反感。冼企豪作为俚人首领，紧急召开会议。群众激愤，无不同意反抗朝廷。

冼英献计，先议和，再出兵。

可俚人向来无拘无束，民风彪悍，对朝廷不满。前去议和的人态度不好，朝廷方面便将他们视作刁民，更认为要加强管理。双方发生激烈的冲突，战争一触即发。

冼企豪看不得族人受委屈，亲率部众强攻朝廷军队。冼英冷静地上前规劝："不可强攻，于己不利。"族人都被气得七窍生烟，无人听她的规劝，包括冼企豪。

这一战，不出冼英所料，两败俱伤，俚人部落损失尤为严重。出乎她意料的是，冼企豪不甘心吃败仗，凭着一腔孤勇、一股蛮力，继续领着族人冲向敌阵，不幸战死。

族人推举年少英明的冼英，女承父业，继任首领之位。

冼英义不容辞，一上任就与众都老商讨对付梁朝军队事宜。大伙儿浑身是胆，不怕困难，不惧牺牲，都同意与朝廷一决生死。冼英拍案反对，认为应该吸取父亲领兵强攻失败的教训，朝廷的军队是正规军，训练有素，与他们正面交锋容易吃亏。他们最大的缺点是，不熟悉岭南地形，应当想办法把他们引至山谷或密林中，来个瓮中捉鳖。

在冼英的精密布置下，俚人部落终于打败了梁军。朝廷忌惮冼英，不敢再过度强硬干涉少数民族的内部管理。

这场战役，令冼英在俚人部落中的威信力得到提升。《隋书》记载："夫人幼贤明，多筹略，在父母家，抚循部众，能行兵用师，压服诸越。"冼英乘胜而为，用兵法谋略，成功使得周边各大部落归附冼家，扩大势力范围。

越人好斗，部落之间的侵占、吞并，多采取凌厉攻击的手段。冼英富有学识，懂得变通，利用仁义收拢人心。她多次劝阻恃强凌弱的兄长冼挺，又出面解决各族群的纷争，提倡见义勇为，以和为贵。

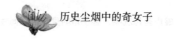

随着时间的推移，冼英的管辖范围大幅度扩张，东至阳春，西至广西，南至雷州半岛，其部落人数多达十多万户。

冼英再接再厉，把目光投向了更为落后的海南岛地区。她给当地居民带来芋头的种植方法，帮他们凿井引水。

相传，海南有个地方常遭海盗抢掠。冼英仗义出手，派出一支队伍埋伏起来。等到海盗再来时，突然出现，打得海盗措手不及，伤亡惨重，再也不敢来侵扰渔民。从此，这个地方起名为"得胜沙"，意思是，冼英打胜仗的地方。

冼英又把相对先进的生产技术传入海南岛，让这片原本荒芜的地区焕发出新生机。得民心者得天下，海南岛上先后有一千多个小部落自愿归附冼英麾下。

冼英的势力范围在扩张，梁朝的统治也在加强。朝廷对岭南俚人的态度缓和，但始终释放一种中央对地方政权收拢的信号。冼英审时度势，作出一个重大的决定。

534 年，冼英上书朝廷，建议在海南岛设置崖州。这表明了她正式归顺梁朝的态度，族人多有不解。冼英与梁朝廷有杀父之仇，梁军数年前就不是她的对手，现今俚人兵强马壮，为何反而归顺梁朝，不敢一战？

冼英慨叹道，战是为了族人的利益，不战也是为了百姓。既然朝廷作出退让，何不化干戈为玉帛？开战，受苦的终归是广大百姓。

年仅 22 岁就有如此胸襟，冼英在部落的威名更盛了。

梁朝在海南岛设立崖州，恢复郡县制，大力发展生产，具有历史性的意义，冼英是第一功臣。自汉代以来，地处偏远的海南脱离中央管理六百余年。重归中央管理，将为今后各朝各代对南海诸岛的管辖打下坚实的基础。

慧眼识才，遣子入朝

冼英的所作所为，受到了当地一个大家族——冯氏家族的关注。

冯氏家族是北燕皇族后裔，没落后几经辗转，来到岭

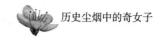

南，三代为官。他们是从北方来的汉人，在岭南没有根基，多年来面临号令不行的尴尬局面。

535 年，罗州刺史冯融有意与冼家政治联姻，利用冼氏的实际势力解决政令不通的难题，他极力撮合时任高凉太守的儿子冯宝与冼英的婚事。

在当时，汉俚通婚的情况并不少见，但汉族地方官员与俚人首领联婚却是从未有过的现象。冼英名声在外，冯宝对其无可挑剔。冼英正有意改变本族陋习及落后的制度礼法，冯宝从家庭背景到相貌人品，都令她满意。两家一拍即合，一个显赫的豪门"冯冼家族"由此诞生。

两家的结合，即是两个民族的融合。给俚人带来了农耕文明、司法制度和礼乐。冼英对俚人进行规范化管理，协助冯宝，执行礼法，政令有序。即便是冼氏亲族犯法，冼英也不留情面，公正以待。她积极推行先进的汉文化，鼓励民众学习中原教化和知识。在她的大力倡导下，汉文化渐渐成为整个岭南地区的主体文化。

有了道德规范和礼法约束，冼英可以安心投入发展地域经济中去。她大力开发海南岛，迁居海南岛的汉人从2万人剧增到7万人。在海南岛上，冼英嗅到了商机。据史料记载，冼英利用南海贸易，去到了朝廷政权尚未到达的东南亚地区，买卖奇珍异宝、象牙、犀角、翡翠、明珠、贵重金属等，积累了庞大的财富。

在冯冼家族发家致富的时候，梁朝却发生了叛乱。548年，侯景之乱爆发，直指都城建康，各地召集兵马入京勤王。冯宝在原地待命，随时准备加入平定叛乱的部队。

一天，他接到高州刺史李迁仕的书信，命他到高州议事。冯宝刚要启程，冼英阻止道："夫君且慢，此行凶险。"

冼英分析，李迁仕若是有心北上平定叛乱，不会以病为由，将近一年不发兵，却在暗地里聚集军队，铸造兵器。由此看来，李迁仕可能会趁着岭南空虚，起兵造反。李迁仕召见冯宝，无非想逼他参与谋反，担心自己起兵造反后，手握重兵的冯宝趁机偷袭作乱，导致后方不稳。

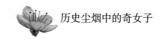

冼英让冯宝修书一封，自称身子虚弱，胆小，不愿北上讨伐，只想安守高凉。择日登门拜访，送礼道歉。如此，李迁仕就会认定他没有本事与能力，从而放松警惕。他与冼英只需静观事态发展。

冼英料事如神，不久，李迁仕派将领杜平虏入侵赣石，正式造反。

冯宝作为朝廷命官，无法坐视不管，问冼英有何主意。冼英善于用兵，总是出奇制胜。她认为，杜平虏是李迁仕最得力的将领，他已领兵离开，李迁仕身边的兵力就不足为惧。对付李迁仕，可兵分两路，明路和暗路。

明路方面，冼英带领一千多名精兵，打扮成挑夫，以给李迁仕送厚礼致歉为名，前往高州。一路上，冼英与众人大声谈笑。李迁仕听闻后，喜上眉梢，果然未设防。

暗路方面，冼英利用漠阳江的水文特征，让冯宝从水路领兵而至。漠阳江从粤西汇入南海，海水涨潮时，河水会发生逆流。冯宝就等海水涨潮，河水逆流时，带领主力军乘船而上。

李迁仕本以为冯宝没胆量起兵，没料到冼英所说的厚礼竟是兵器。与此同时，冯宝领兵沿水路赶到。李迁仕大败，落荒而逃，苟延残喘。

冯宝留守原地，冼英带兵追讨李迁仕。她来到赣石，遇到了奉命平定贼寇的陈霸先。此时，陈霸先已斩杀了杜平虏。冼英和陈霸先合作无间，一起剿杀了李迁仕余部。

据《隋书》记载，在与陈霸先接触的过程中，冼英慧眼识才，回家就对冯宝说道："陈都督大公可畏，极得众心，我观此人必能平贼，君宜厚资之。"冯冼家族在南海贸易中赚得巨额利润，是地方巨富。冯宝相信妻子独具慧眼，同意资助默默无闻的陈霸先。

陈霸先势如破竹，因平定侯景之乱立下大功，扶摇直上，官至宰相，进而控制气数将尽的梁朝政权。

557年，陈霸先在乱局突围而出，灭了梁朝，在丹阳自立为帝，建立起南朝最后一个朝代陈朝。他是中国历史上唯

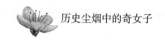

一从岭南崛起的皇帝，成就了一番霸业。

令陈霸先感到不安的是，在他尚未称帝时，写过一篇《武皇帝作相时与岭南酋豪书》，试探冯宝在内的岭南酋豪的态度，希望得到他们的支持。他热切邀请各大酋豪到丹阳为官，但他也清楚，有地方势力的酋豪不可能轻易放下一切，到一个新政权处做官。因此，陈霸先话锋一转，释放出信号表示，他只愿看到大家有明确的表态，即酋豪自身不便入朝为官，当派遣子弟入朝，一定能得到重用与厚待。

然而，岭南各大酋豪均没有给予回应，就连一向支持陈霸先的冯冼家族也没有表态。这也是陈霸先最忧虑的事，因为冯冼家族的军事力量最大，统治着大半个岭南地区。要是冯冼家族想造反，陈朝或许永无宁日。

陈霸先不知道的是，冯冼家族之所以没及时表明态度，是因为冯宝病倒了，病情严重，行将就木。冼英与丈夫感情深厚、恩爱多年，亲自为丈夫寻医问药，日夜坐在床边端茶递水。这个时候，没有什么事比照顾丈夫更为重要。

可冼英终究有心无力，无能救回冯宝的性命。

正值政权交替，地方命官去世，岭南大乱，人心惶惶。

冼英没有慌乱，处理完冯宝的后事，迅速投入首领的角色，招抚百越。在冼英恩威并施下，岭南的局势稳定了下来。

陈霸先越发感到不安，他再次试探岭南酋豪的态度，必须尽快了解冼英的真实想法。

各大酋豪还是不表态，都在观望冼英的反应。558年，冼英通过审时度势，做出一个大胆惊人的决定——遣子入朝。她派儿子冯仆带领各部落头目，入朝觐见陈霸先。

在见到冯仆那一刻，陈霸先对冼英佩服万分，放下所有戒备。冯仆年仅9岁，是冼英唯一的儿子！他向陈霸先呈上了象征着冼英在岭南的权力与地位的兵符和扶南犀杖。

陈霸先收下重若泰山的两件信物，当即任命冯仆为阳春郡守。古往今来，几乎没有君王会任命一个9岁的孩子做郡守，这无疑是给对他表忠心的冼英放权。

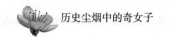

冼英做出表率后，岭南其他酋豪相继效仿，陈朝势态大好。

美中不足的是，一代英主陈霸先在位不满三年，因病离世。

平定叛乱，手握大权

陈霸先去世后，各地时有叛乱发生。

冼英每每领命征讨反贼，不遗余力，忠君爱国。

570 年，广州刺史欧阳纥意图谋反，冼英是他唯一的顾虑。为了牵制冼英，不让其坏了他的"大事"。欧阳纥想出一个阴险的奸计，下令召冯仆前来议事，然后扣押冯仆，要挟冼英。冼英若敢发兵妨碍他叛乱，他就敢让冯仆尸骨无存。

欧阳纥以为稳操胜券，但他低估了冼英的魄力。12 年前，她敢把儿子送到陈霸先跟前当人质，12 年后，她也敢把儿子留在反贼身旁。在欧阳纥起兵后，朝廷随后发兵镇压。冼英毫不迟疑地响应，并在出兵前遣人警告欧阳纥，从梁朝到陈朝，冯冼家族已是两代忠臣，不会因为怜惜冯仆而有负国家，但如果欧阳纥敢动冯仆一根毫毛，她必将整个欧阳家族连根拔起！

冼英挂帅出征，带领众将，与朝廷大军南北合攻，大破反贼之军，生擒欧阳纥，救出儿子冯仆。

冼英放下个人亲情，以国家为重，平定叛乱。朝廷册封她为中郎将、石龙太夫人，给予诸多赏赐，待遇等同刺史。

她感念朝廷恩宠，十年如一日地支持陈朝。

582 年，励精图治的陈宣帝驾崩了，太子陈叔宝即位。陈叔宝昏庸无能，沉湎宫闱之乐，不理政事。而在北方，勤政自律的杨坚经过多年征战，统一北方，建立了隋朝。他雄心壮志，企图进一步征服南方疆域，完成大一统。

陈叔宝并非完全不知道杨坚的野心，但他荒淫自大，自恃有长江天险，隋军难以逾越，整日饮酒取乐、填词配曲，

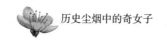

演奏《玉树后庭花》。陈朝国力加速衰落，国家危在旦夕。

这时的冼英，则正在经历丧子之痛。冯仆英年早逝，对已到古稀之年的冼英来说，是最沉痛的打击。

589 年，杨坚做好万全之策，五十万隋军集体出击，向着陈朝发起全面进攻。陈叔宝毫无招架之力。不足一月，隋军攻陷都城，捉走了躲在井里的陈叔宝，陈朝由此灭亡。

陈朝虽亡，但隋军的步伐尚未到达岭南，岭南百姓抗隋呼声高涨。人们尊称冼英为"岭南圣母"和"民间保护神"，听从她的号令。

590 年，杨坚派总管韦洸率兵征服岭南。灭陈之战过于顺利，韦洸对收归岭南信心百倍。来到五岭天险下时，他才发觉岭南的情况非常复杂。风土人情与中原差别巨大，且山高林密，地势险要，易守难攻。另外，岭南由冼英集结各路势力防守，防守的力量之大远在陈朝的都城之上。韦洸在岭下停滞不前，感叹："陈都易攻，岭南难平！"

部众看到隋军迟迟不敢进入岭南，都觉得杨坚不如冼英。有人提议冼英主动出击，痛打隋军，把他们打回中原。还有人提议，冼英就在岭南独立称帝，建立新的政权。这两项提议都被冼英即时否决了，她有着清醒的自我认识，自认没有帝王将相之才，不能明知不可为而为之。既然选择追随陈朝，就应该追随到底，抗隋复陈。至于为何不主动与隋军开战，冼英不是害怕战败，而是不想生灵涂炭，百姓受苦。只要隋军不动，她绝不出兵，就与其对峙到底。隋军远道而来，粮草有限，士兵耐心有限，耗不起的恰恰是隋兵。

杨坚得知韦洸陷入僵局后，如坐针毡，问文武百官有何良策，最好能避免恶战。众卿对偏远的岭南知之甚少，一时半会想不出合适的对策。只有杨坚的儿子晋王杨广，想到了一个好主意。他命陈叔宝给冼英写一封书信，在信里明白无误地告诉她，陈朝已然灭亡，不可复国，请她执行陈国国君的最后一道命令，停止干戈，放弃抵抗，归顺大隋。

据杨广所知，俚人重信义，宁可舍生取义，这封信兴许能让冼英动摇。

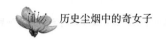

冼英读完信，颤抖不已，不敢相信这是陈叔宝的亲笔信。但使者又呈上了当年她送给陈霸先表忠心的兵符与扶南犀杖，冼英不得不信。

据《隋书》记载，冼英怆然悲愤，召集岭南各部属首领，为陈朝覆灭恸哭三日，悼念一世英名的陈霸先。

悲伤过后，她再次审时度势，答应归附隋朝，大开城门，派孙子冯魂亲自迎接韦洸进入岭南腹地，这象征着岭南全部平定。

岭南首次以和平的方式，重归中央王权，奠定了今后经济繁荣发展的基础。冼英促成了中国第二次大一统，隋朝是继秦朝之后第二个实现大统一的朝代。冼英被誉为"巾帼英雄第一人""南越女杰"。

冼英的每一次归顺，都真心实意，择一主而谋其事。归顺隋朝的第二年，陈朝旧部番禺将领王仲宣发兵叛乱，事发突然，势头凶猛，广州总管韦洸战死。冼英闻讯后，忙派孙子冯暄前去镇压。

冯暄口头应允，实则按兵不动，只因他与王仲宣的部将陈佛智交好，不愿与之为敌。冼英大骂冯暄在大是大非面前举棋不定，顾念私情，延误军情，下令缉拿冯暄关押州狱。

她派出行事果断的孙子冯盎领兵作战，冯盎没有辜负祖母的厚望，与朝廷兵马会合，共败王仲宣，砍杀陈佛智。而在冯盎征战时，年近八旬的冼英亲自披甲乘马，张开锦伞，巡抚岭南诸州，命令蠢蠢欲动的各州首领统管好各自部众，消除异心，归附大隋。

岭南再次得到安定。

杨坚对冼英的大公无私和英勇才略大为惊异，特赦冯暄逗留不进之罪，封冯盎为高州刺史，追封冯宝为广州总管、谯国公，册封冼英为谯国夫人。

根据《隋书》记载："开谯国夫人幕府，置长史以下官属，给印章，听发部落六州兵马。若有机急，便宜行事。"一般来说，一品官员的母亲和妻子才能得到"国夫人"的称

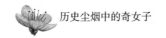

号。国夫人不是官职，有良好的政治待遇和经济利益，但通常没有实际的权力。冼英不一样，她不是凭借丈夫或儿子的功绩获得谯国夫人的封号，而是凭自身的战功得来，而且她是拥有实际权力的国夫人，可以开幕府，设立办事机构，统领六州武装力量。她成为中国历史上第一位凭军功开幕府的女性，国君还准许她手握大权，在万不得已的时候，可自行做政治军事决断，不必等朝廷的决定。

后来，岭南多次出现反贼，均被冼英一一平定，她也多次得到朝廷的赏赐。

据《隋书》记载，每年，冼英都要召开家族大会，将梁、陈、隋三朝朝廷赏赐的物品陈列于庭院里，教化子孙后辈："我事三代主，唯用一好心。今赐物俱全，此忠孝之报。"

602 年，冼英寿终正寝，享年 90 岁。朝廷赐谥为"诚敬夫人"。

她一生善于审时度势，平息战乱，给家族和当地百姓争取最大化的利益，是当之无愧的"民间保护神"。生前得尊崇，死后得哀荣。历朝历代海内外为她建造的庙宇和纪念馆，多达两千多座。